你不能等到日子不再艱難，才決定開始快樂

每天收集一些
好極了、棒呆了的瞬間，
用來回擊那些
弱爆了、太遜了的時刻

超人氣勵志作家
徐多多◎著

大是文化

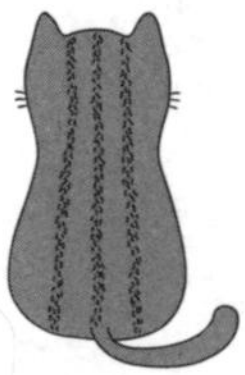

目錄

推薦語

精神分析師榮格（Carl Gustav Jung）曾說：「我們每個人都有積極想像的能力，拯救瀕臨分裂的自我！」這本書讓我看見對日常順境與逆境嶄新的觀點，這是種心曠神怡、海闊天空的感受。

在社群比拚的年代中，我們常常一味的看見比不上別人的，忘記看見自己掌心所擁有的，也忘記了我們處在一個最好的時代，看見還有蓬勃生機的努力機會，以及自己的可愛和價值，記得置身在這世界上的點滴美好、靈魂的歸屬、源源不絕的生活動力！

暢銷作家、諮商心理師／黃之盈

前言
很多事沒有來日方長，你要現在就快樂

人類很奇怪，快樂時，世界一點問題都沒有；不快樂時，這個世界就是一本《十萬個為什麼》。

為什麼一旦得到某樣東西，就會忘記當初趴在櫥窗上看它的心情？

為什麼認識的人越來越多，孤獨卻越來越深？

為什麼事情不順時，能保持清醒，而一旦變得順利，好像總能在最後一刻，發揮自己搞砸一切的能力？

你小心翼翼的觀察世界，就算一切風平浪靜也會焦慮：「這是不是暴風雨來臨前的平靜？」

你熱情洋溢的加入每一個群組，最後總是設成「關閉提醒」。你搞不清楚自己是擅長把人推開，還是擅長留不住任何人。看似把愛看得很淡，好像得到和失去都不要緊，實際上呢，你是一個會為愛心碎一萬次的小笨蛋。

對討厭的事不敢說討厭，對喜歡的事也總是偷偷摸摸。嘴上笑呵呵的說著「我很好」，心裡有個聲音卻在反覆提醒你「我很糟」。

我感覺你狀態不對，想拉你一把。

折磨你的從來不是別人，而是你總抓住那些小瑕疵、小遺憾、小迷糊和壞情緒不放。世間萬物都在療癒你，唯獨你自己不肯放過自己。

人無法丟掉自己，因此自暴自棄無濟於事。不必因眼前的困頓黯然失色，要讓日後的豐沛來為你上色。

不要鬧彆扭、不要糾結、不要內耗，要大大方方的，想到什麼就盡快去做，會快樂很多，哪怕結局不如意。

購物車裡的寶貝可能明天就下架，想去的那家飲料店或許後天就關門，這一秒的夕陽你不抬頭就永遠錯過，八歲時最想要的玩具長大後就不想玩了，二十五歲再買十五歲時喜歡的裙子，已經不喜歡了。

很多事沒有來日方長，你要現在就快樂。

強烈的痛苦和歡愉都是暫時的，真正給你力量的恰恰只是一小撮快樂。它會像蒲公英的種子一樣輕輕落下，落在一頓晚飯上，落在一杯咖啡裡，落在愛人的肩頭。

要保持因生活細碎而滿足的能力，比如剛剛好趕上的公車、新鮮出爐的蛋塔、看到讓人笑噴的笑話、很熱的天氣喝到冰得要命的汽水、街角的咖啡店突然放了自己最喜歡的歌、週末晚上躺在沙發上看電影、好朋友事無鉅細的問候、忙碌一天準時下班看到的夕陽……這些看似雞毛蒜皮的生活碎片，卻是通向快樂星球的祕密通道。

你必須累積這些微小的期待和快樂，這樣才不會被遙不可及的夢和無法掌控的愛給拖垮。

人生苦短，請停止與自己作對。悄悄告訴你：「你已經做得很好了。」

你呀，不要眼眶一紅，就覺得人間不值得，那只是一時情緒上頭。千萬不能因為突然出現的一點點壞消息，就把所有好心情全都扔掉，這樣實在划不來。

你呀，別讓焦慮同化了夢想，別讓拖延氧化了熱愛，別讓世故老化了童心。要做人間小餅乾，乾乾脆脆，可鹽可甜，還不掉屑。

你呀，總是看到自己身上的小瑕疵，然後失落、自卑，可是你別忘了，你也閃閃發光，也溫柔，也可愛，也在努力，並且一定會成為更好的人。

你呀，不要總有那種「我不好」、「我不值得」、「我不配」的想法，久而久之，會連很多本來就該屬於自己的東西都離你而去，要學會多跟自己說「我很好」、「我值得」、「我超配」。

人生並不會諸事皆順，但沒關係，笑永遠是生活的解藥，你的快樂價值百萬。這個世界的運行速度快得過火，你也沒有理由一直活在不開心裡。

你的小小笨拙裡，藏著很多的真誠和可愛，也許敏感和彆扭，卻也善良和勇敢；你有小小的脾氣和缺點，卻也是一個鮮活和值得被愛的人，請一定要繼續做最特別和最可愛的那一個。

一些小美好，正在井然有序的發生。

把日子過好，需要一條雀躍的狗尾巴和一小撮快樂，一塊糖和一勺調皮，一朵牽牛花和一公克可愛，一座沙堡和一份天真，一個火花和一些勇氣，如此，竟然也十全十美了。

你看，我們所在的，是一個很好的人間。

記住生活中這些好極了、棒呆了、太酷了的瞬間，在難熬的時候，用它們來回擊每一個糟透了、弱爆了、太遜了的時刻。

人要先感到幸福，才能看到玫瑰。

當你對這世間有所眷戀、有所慶幸、有深刻的感情，還有許多幸福的瞬間，這就是一個成功的人生。

溫柔會發生，生活在繼續，你會被托起，也會被療癒。

01

把悲傷放入大海，這樣很快就會被稀釋

我們是來這個世界上享受愛和被愛的，
是來看一年四季最美麗的風景的，是來看春風溫柔撫摸樹葉的，
不要因為一點不快樂就灰心。

那些難過啊、悲傷啊、不快樂啊，
都只是為了這些風景而花費的小小門票錢而已。

一

江小小養了一隻柴犬，叫江亂跳，為什麼叫這個名字呢？因為牠剛被抱回家時，一下子就跳到地上一本日本作家江戶川亂步的書上，還搖頭晃腦的似乎很開心。

江小小認為這是某種暗示，從此賜名——江亂跳。

本以為牠是過動症，沒想到是一個膽小鬼。

身處陌生環境，江亂跳很焦慮，汪汪亂叫，還縮頭縮腦的到處躲。江小小用毯子把牠包起來，抱到懷裡輕輕安撫，牠才終於安靜下來。

當晚，江亂跳以汪界男高音的音量來表達對黑暗的恐懼，江小小只好把牠抱到床上，才平靜的度過第一夜。

真正的考驗才剛開始，江小小要去上班，剛關上門，就聽到裡面傳來了動物幼崽獨有的脆弱又固執的叫聲。

她隔著門喊了一聲，叫聲停了，取而代之的是「咯吱咯吱」的抓門聲。她把門打開，江亂跳尾巴差點搖飛了，瘋狂圍著她轉，好像八百年沒見似的。

江小小懷疑，從那一刻開始，江亂跳就學會了如何利用自己的尾巴博同情。

下班回來，她故意在門口逗牠，江亂跳又是「咯吱咯吱」的一陣抓門。一開門，牠一邊搖頭晃腦撲上來，一邊尿尿，最後因為腳打滑，一屁股坐在尿裡。

江小小一陣哀號，但她是自作自受。在拿溼毛巾幫牠擦屁股時，江小小忍不住聞了聞，尿味不是很重，反而是那種毛茸茸、暖烘烘的小奶狗味。

順利度過了雞飛狗跳、焦頭爛額的鏟屎新手期，江小小和江亂跳培養出深厚的主僕情誼。

江小小的每一根鞋帶和每一隻鞋後跟，都被江亂跳獎勵了特殊的狗啃印花，傳輸線就更別提了，她不配擁有；無論是摸牠、抱牠、親牠，江小小都會得到熱情的舔吻；冬天冷的時候，江亂跳會毫不保留的獻出自己溫暖的小肚皮，為江小小取暖。

他們感受著同樣的憂傷和快樂。

憂傷在於每一天的出門，是每一天。江小小每次出門，江亂跳都可憐兮兮的看著她，有時候會跑到沙發上，假裝不看她，但落寞的小眼神卻出賣了自己。

快樂當然在回家開門的那一瞬間，通常她還沒走到門口，江亂跳就會感覺到，然後像小時候一樣，瘋狂抓門。不管一天累成什麼樣子，每天一打開家門，江亂跳都會擺好飛機耳，搖著尾巴「起飛」撲上來，並向她投來同情的目光，瞬間就能被療癒。牠的萌點還在於，即使江小小只是到樓下倒個垃圾，回家時仍然會得到「妳終於回來了！妳怎麼去那麼久？我一直在等妳，我好想妳！」等級的歡迎。

江亂跳也有讓江小小玻璃心的時候。它只會「嚶嚶」叫，從來不會「嗷嗚」的叫。看似是一個暖男，但一看到小母狗就變成渣男。

狗是人類最好的朋友，而狗最好的朋友卻是另一隻狗。

江亂跳有一位夢中情狗，是一隻很漂亮的博美犬，叫美斯。牠對美斯一見鍾情，每天在廣場上看到美斯，即便是拴著狗繩，也擋不住牠的瘋狂。

因為遛狗的時間有規律，江亂跳一看到狗繩，就會很開心興奮，就像馬上要去遊樂場的小孩，就要坐上最喜歡的旋轉木馬一樣。但自從認識了美斯，江小小覺得江亂跳出門時的心情變複雜了，像是要去見心愛的人，牠恨不得用飛的。

有一次，江小小在玩手機，沒看到美斯過來。江亂跳突然衝出去，她被拉得踉蹌了好幾步，差點摔個狗吃屎。她用力拉扯狗繩以示懲戒，江亂跳哪管得了她啊，只是拚命發出氣音讓江小小跟上，別擔誤牠去找美斯。

看江亂跳急著衝向美斯的樣子，江小小低聲咒罵：渣男。

可惜，美斯一直對江亂跳很冷淡，每次都是高傲的昂著頭，對牠聞來聞去的舉動不以為然，有時甚至會一臉傲嬌的走開。

這又讓江小小生氣：有什麼了不起的，我們家跳跳配不上你嗎？

除了美斯的事，江亂跳整體還是一隻不錯的小狗。

二

有一次我們聊天，江小小說：「沒想到我會被一隻狗改變了擇偶觀。」

「擇狗觀？哇，還有這種觀，我第一次聽說。」我一邊摸著江亂跳的腦殼，一邊大為震驚。

「天啊，我說的是擇偶，擇偶觀，你什麼耳朵啊。」江小小直翻白眼。

「對不起，對不起，聽錯了。」

江亂跳看著我，伸著舌頭，咧著嘴，以示嘲笑。

從一隻狗身上發現了擇偶觀？這是在罵人還是罵狗呢？

江小小詳細解釋了她的觀點。

和前男友在一起時，有一次江小小急性腸胃炎發作，她告訴正在打電動的男友要去醫院。

男友頭都沒回，說：「等我打完這一場。」

江小小忍痛等了十五分鐘，眼看著男友在遊戲裡殺瘋了（按：網路流行語，出自電競比賽，形容對某件事的熱衷程度極高），她自己坐車去醫院了。

後來，男友趕來陪她打點滴，說了幾句暖心的話，然後就又坐在一邊打電動。她想發火，但最終還是忍住了。

躺在病床上，江小小腦海裡閃過很多類似的畫面：

當她拎著很重的東西說：「好重啊！」男友只是「哦」了一聲，然後站在那兒，意思是：「快點跟上，我在等妳啊！」

很多次下雨時，他把大部分的傘傾斜向自己那邊，她被雨淋溼了大半個肩膀也不說，心想：「我倒要看看你什麼時候會發現。」但是到家了，他連毛巾都不會幫她拿。

更狠的一次是，一隻蟑螂突然從櫃子底下爬出來，兩人嚇得大叫，但還是男友反應快，迅速躲到江小小後面，並把她往前推，嘴裡大喊：「快點打死牠！」

江小小說：「我自認為不是那種矯揉造作，需要被照顧得好好的女生，也會安慰自己，他就是那種神經大條、馬馬虎虎的人。但有時候還是會疑惑：他真的愛我嗎？」

她繼續說，江亂跳從來沒有受過任何系統性訓練，一直處於放養狀態。

有一次，江小小沒帶傘，回家全身都溼透了。江亂跳看見她這個樣子，非常焦急的衝上來，小心翼翼的舔她褲管和腳背上的水，明明牠那麼討厭被淋溼的感覺啊。

那種眼神就像在說：「妳怎麼變成落湯雞了？別怕，有我在呢！我幫妳舔乾淨！」

實屬小舔狗一枚啊！

每次江小小在家裡因為撞到桌角，或者碰到哪裡，發出慘叫聲，無論江亂跳在幹什麼，哪怕是在玩最心愛的玩具，牠也會不顧一切飛奔過來，看她怎麼樣了，眼神總是略帶責備，彷彿在說：「妳就是一個大笨蛋，我不在妳身邊，妳就不會照顧自己。」

此外，無論何時，只要江小小跟牠對視超過五秒，牠的尾巴就會不由自主的搖起來。一次是這樣，一萬次也是這樣。

這時，江小小總會想起那句話：「如果人類有尾巴的話，說起來有點不好意思，只要和你在一起，一定會止不住搖起來。」

江小小說：「我不是要把男生比作狗，我只是想體驗那種被關心、被呵護的感覺。當很喜歡一個人的時候，不會想有哪些事應該做或者不應該做，而是會不受控制的想要保護她、關心她，看她笑。為喜歡的人做這些事情時，真的不會想那麼多。」

我明白她的擇偶觀了，大概是，愛是恆久忍耐。不是一定要把對方捧在手掌心，不是要無節制縱容對方的無理取鬧，而是你需要我的時候，我一定會耐心的陪著你。

仔細觀察就會發現，小狗對人的行為「不理解，但忍耐」的樣子，真的讓人感動。哪怕是出於愛意的狂揉，有時候也會對牠們造成困擾吧，還有那些突如其來的緊緊擁抱，牠們也只是一動不動的被撫摸，安靜的等待結束。

相比之下，作為人類，對於不理解的事情是很難忍得住的，所以我總覺得，小狗心中有一種很大很大的愛。

所以愛是什麼？愛是下雨天一起出門，兩個人為了不淋溼對方，都握著傘柄互相較勁。傘在我這邊，我就把傘挪過去；傘在你那邊，你又把傘撐過來；最後你把傘舉得很高，我根本就搆不著。

愛就是暴雨之後的天晴，兩個人各淋溼一半的肩膀。

三

羅蘭夫人（按：Madame Roland，全名為 Marie-Jeanne Roland de la Platiere，法國大革命時期政治人物）說：「認識的人越多，越喜歡狗。」

這不是要製造對立，而是你總會發現，能療癒你的不是人類，而是食物跟含糖飲料，還有可愛的動物。

一個很簡單的例子：

走在路上，看到不認識的貓，喵；看到不認識的狗，汪；看到認識的人，假裝沒看到快步走過，等到被對方看見才打招呼。

因為動物會帶給人類最簡單、最直接的感受，讓你放下戒備，盡情體驗生活中的柔軟。你永遠不需要帶著心機認識一隻狗。

做江亂跳的鏟屎官差不多三年了，江小小的生活真的眼見著快樂起來了。生活可以無限折磨她，但江亂跳絕對不能吃劣質「狗糧」。

她發現，人類和小狗的互動真的很有愛。

有一次，江亂跳本來和一隻狗狗玩得很愉快，但不知道為什麼，那隻狗突然對江亂跳低吼，江亂跳害怕了，後退了好幾步，她趕緊把牠牽走。

然後，就聽到那隻狗的主人說：「哈利，你又來了，怎麼每次都這樣，難怪你會沒有朋友。」

隔壁樓的一個奶奶養了一隻北京犬，她喜歡坐在樓下社區花園的椅子上給狗梳毛，一梳子下去，一大把狗毛，有的會隨風飄走。

有一次江小小路過，看到旁邊一個大爺一臉嫌棄的說：「養這玩意兒幹麼啊，到處都是毛。」

老奶奶伸手捂住北京犬的耳朵，對大爺說：「你說話當心點，你腦袋頂上連毛都沒有呢。」

江小小心裡高興壞了：你大爺未必是你大爺，但你奶奶絕對是你奶奶！

每當快遞和外賣上門送貨時，江亂跳都會跟著江小小一起出來，隔著門縫鬼鬼祟祟的偷喵快遞員。

有一個相熟的快遞員總是蹲下來，問牠：「你今天過得開心嗎？」

江亂跳搖著尾巴，不說開心或不開心，但吐著舌頭，嘴角瘋狂上揚。

江小小以前聽別人說，養貓好像是在和渣男戀愛，死皮賴臉求抱抱的結果，多數是對方不耐煩的走開。當你心灰意冷打算接受「我貓喜歡獨處，我不能太黏牠，要給牠更多空間」時，小貓卻突然性情大變，主動鑽進懷裡磨蹭，頂你的鼻子、舔你的手，軟萌的啊，發了一顆好大、好甜的糖，於是又掉進這個迴圈；而養狗的時候呢，你覺得你自己是個渣男。

她當時白眼都要翻上天了，「怎麼那麼愛演啊！貓懂什麼？狗懂什麼？」

現在可好了，回家後第一件事就是先抱起江亂跳，安撫牠，還會讓牠仔細聞聞自己身上的味道，「你快點聞，我在外面真的沒有狗。」

因為小狗真的什麼都懂，你不要騙牠。

小狗的共情能力很強，每次你心情不好，小狗都會滿眼憂傷的坐在你旁邊，或者是滿眼溫柔的看著你，想要安撫你。

小狗的共情能力，比大部分的人類強太多，這大概就是人類喜歡小狗的原因。

之所以難以拒絕，不是因為小狗會追著你的腳跟咬，牠追你，更多是因為愛。

小狗特別想要某樣東西時多乖啊，全身心的看著你，眼巴巴的把小腦袋湊到你的膝上，不自覺的從鼻子裡發出焦急的、忍耐的撒嬌聲。

小狗撒嬌不會只說一次，小狗會說：我愛你，快給我吧。我愛你，快給我吧。我愛你，快給我吧……小狗可以每天說一百次，因為得到愛的小狗是永動機（按：無須提供能源或只需要一個熱源，就能不斷運作的機械），從不覺得愛你是辛苦。

你把小狗渴求不已的愛高高舉起，但是小狗從不覺得是你壞，小狗覺得是因為你也需要愛，所以小狗說：我愛你，我愛你，我愛你，快給我吧……

小狗根本不在意舔狗之類的詞彙，一直大大方方昂首挺胸的愛人。

世界上有些情感是超乎愛情、超乎友情、超乎親情的，人類沒有給這些情感命名，但是這些愛讓人學會溫柔。

加拿大作家艾克哈特．托勒（Eckhart Tolle）說：「當你愛撫一隻狗，或聽一隻貓的呼嚕聲時，思緒會沉澱一會兒，接著，你的內心會升起一個寧靜的樂園，生命之門就此打開。」

養狗之前，江小小一直覺得自己是一個堅硬、冷酷的大人，為了生存在人世間披荊斬棘，但有了軟乎乎的江亂跳之後，反而只想每天窩在家裡，和著牠的節奏曬太陽，再看著牠追逐自己的尾巴，沉沉睡去。

小狗真的很療癒，牠會讓生活中的人和事都變得可愛起來，似乎為了與這種小傢伙產生交流，人類在俯下身子，用另外一種高度和視角打量世界後，生活中那些世俗欲望都短暫的煙消雲散，只留下一人一狗。

一方輸出著不為外界所知的幼稚與善意，一方輸出著曬了一天太陽後，特意為你儲存的暖意，搖著尾巴奔向你。兩相碰撞後，讓生活短暫的擁有了小狗肚皮般柔軟的質地。

煩惱倒不會因此就神奇的消散，但在那些時刻，你抓住了比眼前生活更重要的事情。

這團會蹦蹦跳跳、會汪汪叫的毛球，善意的提醒著你，你不必有太大成就，僅僅存在於世上也是可以的。

四

每次去江小小家，我總會帶一些玩具和小零食給江亂跳，而牠總會回以最熱情的搖尾巴儀式表達感謝，還有猝不及防的舔吻。

我很喜歡逗牠，總是問牠：「跳跳，如何才能像你一樣每天都快快樂樂呢？」

牠總是第一時間回答：「忘！忘！忘！」

每天都快快樂樂，太難了。

我發現一件很不公平的事：快樂需要理由，比如升職加薪、看了一場精彩的電影、和喜歡的人聊聊天……但是不快樂不需要理由，可能就是普通的一天，什麼事都沒有發生，但是，我不快樂。

如果快樂有密碼，那一定在小狗的尾巴上。

當小狗搖著尾巴撲向你，搖頭晃腦的求抱抱，獻上最熱情的舔吻，哪還會記得煩惱啊，早就咧著大嘴跟著傻笑了，要記住這樣的瞬間。

每個人都有一地雞毛（按：形容事情或生活一塌糊塗、亂七八糟）的時候，快樂轉瞬即逝不要緊，要緊的是，怎樣才能將這些碎掉的快樂串連起來，這樣是不是就可以快樂得久一點呢？

生活中不會經常發生諸如天問一號（按：中國火星探測車）成功登陸火星、神州十三號（按：中國太空船）載人火箭發射成功、天宮太空站即將建成，這種非常巨大的快樂事件，所以我們才更加需要在小事中「榨」出些許快樂。

美好生活就是快樂瞬間的集合：回家路上看到一片粉色的小野花；上班時一路暢通，沒有一個紅燈；中午的外賣是一家新開的店，但意外的好吃；洗澡時精準操控水龍頭，一下就調到了合適的水溫；今天的運動量突破上次跑步紀錄；路上偶遇的小朋友對著你笑，露出一口小白牙；停車場裡的小貓咪主動靠過來吃熱狗……。

這些看似雞毛蒜皮的生活碎片，卻是通向快樂星球的祕密通道。

被小事感動的能力，是一種很厲害的能力。這時候的快樂很單純，就像小時候純粹的快樂一樣。擁有這種能力，人才不會被世俗腐蝕，才會擁有明亮的眼睛和透亮的心。

我們是來這個世界上享受愛和被愛的，是來看一年四季最美麗的風景的，是來看春風溫柔撫摸樹葉的，不要因為一點不快樂就灰心。那些難過啊，悲傷啊，不快樂啊，都只是為了這些風景而花費的小小門票錢而已。

悲傷的時候，要把悲傷放進大海裡，這樣就會稀釋成很小的悲傷；不快樂的時候，要把不快樂放飛到天空中，那樣就是很小的不快樂。

無論痛苦的地心引力多麼強大，命運多麼強勢，只要還有快樂的能力，你就還有力量將一手爛牌打好，當你決心變得快樂，成為更好的人，全宇宙都會給你力量。

誰希罕深刻的痛苦，我們只要膚淺的快樂。

對痛苦的鈍感強一點，對幸福的鈍感弱一點。要做一個對自然、對萬物仍保持敏感的人。看到月亮還是會快樂，看到可愛的事物還是會感動。

回歸最初的自己，不要有那麼大壓力，少一點欲望，多一點熱愛，做一個快樂優秀的普通人就很好。

即使不快樂也沒關係的，我只是希望，你快樂的時刻永遠比不快樂的更多一點點，就好。

最後，送一首波蘭詩人安娜．希維爾什琴斯卡（Anna Świrszczyńska）的小詩給你：

像無關緊要的事物一樣快樂，
像無足輕重的東西一樣自由。
像一文不值的事物一樣，
而且它也沒把自己當一回事。
像大家都在嘲笑的事物一樣，

它也反過來嘲笑對它的嘲弄。

就像隨隨便便的笑，
就像後浪壓前浪般的大叫。
就像什麼都無所謂似的快樂，
就像每一次都無所謂似的快樂。

快樂
就像一隻狗的尾巴。

02

會離開的都是錯的人，時間會幫我們篩選

如果你可以接受一段從「差不多」開始的戀愛，
也意味著你開始接受「差很多」的餘生。
一輩子太長了，遇見錯的人比孤獨更可怕。

怎麼才能確定誰是對的人？
如果他給你一種別人不曾給過的陪伴感，
那麼，很可能這個人就是你一直要找的人。

聖誕節，突然收到米亞的訊息，約我去酒吧。

米亞前段時間和男朋友分手了，本來已經走過情緒低潮期，結果一場電影又把她打回原形。

她在家看了一部電影，是一部愛情片。

看到最後，終於證實了電影開場十分鐘之後自己下的斷言：這是一部爛片。爛在哪裡呢？大概是結局本該分道揚鑣的兩個人還是在一起了。

這到底是為什麼？因為是聖誕節？怎樣，有誰規定聖誕節不可以分手嗎？還是過節的日子最好別分手？就像「來都來了」、「過節嘛」，以及「別逼我在快樂的節日和你大吵一架」……。

強行快樂的結局真的讓人費解，所以米亞被刺激了。

我們在酒吧街倚在路邊的欄杆上，看來來往往的熱鬧人群，看了快半小時。

我有點餓了，就問米亞：「請問妳在看什麼呢？」

「看看有沒有什麼心儀的對象。」

「妳是認真的？」

「當然，新歡是治療情傷最好的藥。」

本以為劇情要香豔起來了，沒想到大家都忙著享受節日的快樂，並沒有人注意到一個心碎的女人，和她饑腸轆轆的朋友。

我看著米亞，她的神情稍顯落寞，歡鬧的人群裡，一個人總能悲慘得格外突出，也許這就是人類的悲歡並不相通，別人根本沒空看你。

米亞又看了半小時，逐漸喪失興趣，拉著我去吃火鍋，我歡天喜地的跟著走了。

我知道米亞就是被那部電影揭了舊傷疤，她根本不是隨隨便便找救生圈來愛的人。

失戀時，我們總是更加渴求被愛，想要用「被愛」來證明自己的生活如常，其實往往忽略了愛意的品質取決於「被誰愛」。

因為相愛的人總是表現出某種相似性，你是什麼樣的人，就會遇到什麼樣的人。你是積極的，就會遇到陽光的；你是消極的，就會遇到狼狽的；你是隨便的，就會遇到同樣不認真的。

當你處於糟糕的生活狀態，迎頭遇上的大多也是糟糕平庸的，這就是神奇的吸引力法則。當時糟糕的他選擇愛你，是因為你們一樣狼狽而灰頭土臉，這顯得他沒那麼糟糕。而結果往往雪上加霜，糟上更糟。

無論什麼時候，都不應該放低自己對愛情的要求。

愛情從來不是一場條件匹配的博奕，也不是急急忙忙的衝動抉擇，或是他人眼中，年紀到了就要認清現實的規勸。

愛情應該是美好的、進步的、成長的、舒適的、喜歡的、熱愛的、鍾情的、唯一的，聽從內心的、不輕易妥協的存在。

如果你可以接受一段從「差不多」開始的戀愛，也意味著你開始接受「差很多」的餘生。

一輩子太長了，遇見錯的人比孤獨更可怕。

二

聖誕節出門吃飯真的要謹慎，排隊等位用了一個多小時，我要餓死了。終於排到我們了，感覺我能瞬間喝下兩碗麻醬沾醬。

在我虔誠的攪拌著麻醬沾醬時，米亞跟我說：「談戀愛好難，用盡力氣還是會把它搞砸。」

我隔著桌子拍了拍她的腦袋，說：「記住，沒有任何煩惱是一頓飯解決不了的，不行的話就兩頓。」我現在真的沒有精力勸人，我太餓了。

說來也巧，米亞上一段戀情始於兩年前，臨近聖誕節。

那時他們剛剛認識，還不算正式交往，當時他們的關係就像被乾燥的寒風突然侵襲的城市，很彆扭。

聖誕節那天，因為加班太晚找不到地方吃飯，只好隨便找了一家火鍋店草率過節。

隔著熱氣騰騰的鍋，他們沉默著，但耐心的吃著。對面坐著喜歡的人，他們表面克制，內心就像翻滾的豬腰，開花了。

直到服務員遺憾的來告訴他們，餐廳要打烊了，他們才感覺到時間的流逝。

叫車的人排了一百多號，他們躲進便利商店消磨時間。

「妳明天還要工作吧，啊，不是，今天，夠睡嗎？」男方先開了口。

「沒關係，我睡得少。」

「真對不起，這個聖誕節真的很糟糕。」

「沒關係，大家都很忙。再說這是西洋節日嘛，不過也沒關係……。」

這個聖誕節的確一點都不浪漫，甚至有點倉促、有點羞澀，處處透露著時間緊迫要做點什麼，但最終什麼也沒做成的蹩腳感。

但是米亞感覺很好、很舒服，就像「我們坐著，不說話，也十分美好」。

從那之後，他們勢不可當的在一起了。

最開始的局促感、彆扭感過去之後，熱戀期才有的甜蜜感和幸福感如約而至，然後冷漠與疏離也悄悄尾隨，直到感受枯竭。

愛意從什麼時候消失了？

大概是她的關心被他視為束縛；她拌嘴時說的氣話，被他認定為歇斯底里；她的一點小要求，被他定義成蠻不講理。

她不知道自己是因為太在乎而變得更加黏人了，還是他根本不在乎，所以才會覺得她做什麼都是在對他精神綁架。

米亞本來是火暴脾氣的女生，卻在這段感情裡溫順得像一隻小兔子；明明犯錯的不是她，可是最後等在樓下，只為了聽一句抱歉的卻是她。

她要時刻保持優秀、可愛、有趣，怕自己配不上男友，怕他會覺得索然無味，她用盡了一切力氣，想要留住漸行漸遠的他。

最後，她累了，真的累了，分手是最好的結局。

一段對的感情哪裡需要這麼費力？你喜歡一個人，為他做了很多吃力和吃虧的事，為他做了很多不符合你本性的事。他最終還是離開了，不是你付出得不夠，問題在於，他本來就是錯的人。

我的朋友安琪曾說過一句話：「**會離開的都是錯的人，時間會幫我們篩選。**」

愛一個對的人從來不需要這樣。因為，好的愛情總是自然而然，像一陣風，吹來了，直接鑽進你懷裡。

你迎接一陣風的時候，從來不用捏緊拳頭。

「妳還想著他嗎？」我問米亞。

「也不算吧，就是偶爾路過一起吃過飯的餐廳、一起去過的便利商店、一起散步的公園、一起坐過的長椅，往事總會不自覺的湧上來，會有一刻感覺很難過。」

「嗯，沒錯，妳還想著他。」

「可能是聖誕節的緣故吧，看著一對對的戀人洶湧來襲，感受到人們胸腔裡的愛意噴薄欲出，有一些傷感。」

看到大家興高采烈的慶祝節日，我想，我們不應該再悲傷了。每一個節日都是一場小型慶典，為了慶祝最平凡的日常，這件事本身就很美。

我舉起杯，對米亞說：「祝妳聖誕快樂，當然了，不快樂也無所謂。」

米亞笑了，今天還是第一次看她笑。

看她舉起杯，我接著說：「讓我們提前慶祝妳將會遇到那個對的人，然後妳一定會快樂。」

「乾杯！」

愛是一時興起嗎？是一見鍾情嗎？是命中註定嗎？愛可以是任何一種，但沒有哪一種可以保證永恆。但時間從不撒謊，它總會把對的人帶到你身邊，這個人會告訴你，你曾經歷的一切並非沒有意義。

三

怎麼才能確定誰是對的人？如果他給你一種別人不曾給過的陪伴感，那麼，很可能這個人就是你一直要找的人。

陪伴感，不是虛無縹緲的東西，它是實實在在能讓你感覺得到、很安心的東西。

這是我從朋友安琪那裡學到的。

有段時間安琪和男友非常忙，忙到都沒有時間好好靜下來去看一場電影，互相對了一下行事曆，發現未來兩個月依然騰不出時間。他們就像睡在同一個屋簷下的異地戀，她上早班，他卻深陷夜班；她好不容易下班回家，他卻要趕著出門上班，再這樣下去，遲早要變成最熟悉的陌生人。

有一天，安琪趕著去和客戶簽約，沒想到高跟鞋卡在馬路的縫隙裡，而扭到腳了，當時疼得差點暈過去，真的是靠上班族鋼鐵般的意志，她強撐著去和客戶簽約了。因為沒有及時處理，晚上回家發現腳腫得非常厲害，完全不敢動。男友要陪她去醫院檢查一下，她不想去，一是怕疼，二是懶，決定先觀察一個晚上看看。因為痛到睡不著，安琪只好坐起來打電動緩解痛楚，男友也陪她一起玩到凌晨。

好在第二天是週末，安琪睡到自然醒，醒來時腳還是很腫，但是沒那麼痛了。她拿出手機想問加班的男友中午吃什麼，正好男友傳訊息過來，第一句問她睡醒了沒；第二句問她腳怎麼樣了，要不要看醫生；第三句竟然是長篇，詳細告訴她應該怎麼處理痛處，想必是查了一番資料。

安琪說，當時突然有一點被「叮」到的感覺，說實話，扭到腳這種事稀鬆平常，雖然真的很痛，但是她完全沒當一回事。

「沒想到的是，他那麼用心。」

那一瞬間，安琪突然覺得，這該死的陪伴感太讓人上癮了。能和這樣的人一輩子，真好啊。

能讓人認定一個人的時刻，一定是近似這樣的時刻。就是發現他把你的事情當作他自己的事情，在他心裡，你們是彼此最大的支撐和後盾，是一個命運共同體。沒有逃避和推卸責任，或者自私的垂涎，只有他近乎本能的在意你，就像在意他自己一樣。是那種「他真的把你當自己人」的感覺。

我們看了太多譁眾取寵的愛情故事，以至於忽視了感情這個東西，本質上就應該是極其質樸的在意和支持。

你的傷痛有人理解、你的恐懼有人分擔、你的開心有人分享、你的喜怒哀樂有人承接，就是這麼簡單，但也十足難得。

人生中有很多時刻讓人覺得很難：突然自怨自憐，覺得一無是處的時刻；被所有人忽略的時刻；大雨傾盆，無處躲藏的時刻；恐懼和驚慌襲來的時刻……我們拚命累積財富，不斷武裝自己，為自己建構安全感，但有時候錢財無法治療心碎，鎧甲無法抵禦崩潰，這種時刻還是得讓愛來治療，而且情話治不了，儀式太隆重，能夠治好的方法，只有對方堅定的支持和陪伴。

「交往」這件事，不只是為了休息日能一起出去玩，那只是附帶的東西。**「互相支撐著對方的生活」才是交往的本質**。比起在一起的時候，倒不如說，當不能在一起的時候，兩個人能互相成為對方的力量，這才是最重要的。

是那種，工作很辛苦時，只要想起對方的臉，就能再努力一把的力量；是那種，一想到還有對方陪伴自己，突然感覺自己無所畏懼了。

沒有陪伴感的愛情總讓人覺得很虛，彷彿搖搖欲墜的吊橋，一不小心就會踏空。

也許人生會有各種問題，但有一個人陪在身邊就好像沒那麼糟。是你取得成績時微笑著看你，也是當你遇到什麼困難，總會有他想出最好的辦法，幫著你應付一分。

四

我們要對愛情有信仰，如同愛這個世界上一切的美：陽光、雨露、朝霞、明月……我們也要學會看淡愛情，平常心一點。世界上，有一見鍾情、因緣際會，也有愛而不得、聚而復散。

我們要用更好的自己，去享受旗鼓相當的愛情。

《愛的哲學課：雲遊僧與詩人魯米》（*The Forty Rules of Love: A Novel of Rumi*）講了這樣一個故事，君主聽說有一位詩人，無可救藥的愛上了一個叫蕾拉的女子，甚至為她改名為痴心漢。君主感到很好奇，心想這名女子一定是天生尤物，所以他千方百計想要見蕾拉一面。

終於有一天，蕾拉被帶進皇宮。她卸下面紗的那一刻，君主的想像幻滅了。蕾拉不過是一個平凡的女子，君主沒有掩飾自己的失望，對蕾拉說：「妳就是令痴心漢瘋狂的女人嗎？但妳的長相為什麼如此平庸，難道妳有什麼特別之處？」

蕾拉說：「我是蕾拉，你卻不是痴心漢。你必須用痴心漢的眼睛來看我，否則你永遠解不開這道叫作愛的謎題。」

愛的謎題是什麼？

如果有一天你愛上一個人，發現你們星座、生肖該匹配的一個都不匹配，但你依然為他心動，那就是「命中註定」。

哪怕你有很多缺點，身材一般、講話愚蠢、糟糕透頂，他也會愛你，愛你本來的樣子。他會把你放在他的心尖尖上，並且願意為你付出很多很多。

人間太吵了，而你只想躲進他的心裡。

等你終於遇到這個人，喜歡，就會變成一件沒有語法的事。「你走路的樣子真好聽」、「你說話的聲音真好看」、「你安靜的模樣真好聞」、「你咯咯的笑聲真好吃」。

難過的時候就想想：
生活對不起我的浪漫、我的赤誠、我的溫柔與明亮；
該難過的不是我，生活應該慚愧。

03

陰天和晴天都很可愛，你也一樣

我們終其一生去研究怎樣活得通透，
其實不過是直白的表達自己的感受。

善良、好脾氣不能成為溫室裡的花，它必須長成玫瑰。
送給愛人，手有餘香；送給敵人，扎傷他手。

比起「控制好情緒」，
我們更需要的是「不好意思，今天要發個脾氣」。

一

有一天，我和朋友茉莉看完電影出來，無意間聽到了一對父子的對話。

爸爸因為喝了兒子的汽水，兒子不高興，就哭了。

爸爸問他：「你為什麼哭？」

兒子不說話。

爸爸說：「是因為我喝了你的汽水嗎？」

兒子帶著哭腔說：「是。」

「那你就直接告訴我，爸爸，你喝了我的汽水，我生氣了。直接把你的不高興說出來不好嗎？為什麼要哭？」

兒子不說話，繼續哭。

爸爸繼續很耐心的對他說：「你看啊，這件事是這樣的，爸爸沒有經過你的同意就喝了你的汽水，這是爸爸不對。你要告訴爸爸，而不是哭，你不說，爸爸就不知道錯在哪了，所以以後有問題，你感覺到不舒服，就說出來，好不好？」

孩子抹了一把眼淚，似懂非懂的點點頭。

我們坐在旁邊，覺得這段對話好有趣。

茉莉很感慨的說：「這位爸爸真好，我父母從來沒有跟我說過這樣的話。我一哭，他們就罵我，所以在我的認知裡，人只要表現出不高興、憤怒，就是不對的。我沒有責怪父母的意思，只是覺得，現在的小朋友都好幸福，可以和父母分享自己的情緒。我就從來不敢發脾氣。」

我說：「嗯，確實，我覺得妳性格真的很好，沒看過妳發脾氣。」

茉莉搖搖頭說：「不是這樣的，我是不敢發脾氣，因為我怕發了一次脾氣，別人就不理我了。」

茉莉說，她也有情緒消沉失落的時候，好像心裡有一場海嘯，可是她從來都是靜靜的，不會讓任何人知道她的不開心。

長大後，她每天都在練習做一個情緒穩定、默默調整好內心秩序的人。

她善於用壓抑自己來迴避問題，就連在親密關係裡也是如此。很少爭辯，有問題了也不會提出來，有情緒就自己憋著。

因為在她看來，真實的情緒表達會讓人討厭和憎恨，就如同父母對她的態度一樣，所以很多兩個人之間該有的互動，就在憋著、憋著的過程中沒有了。

用她的話說，「讓我們相敬如賓，虛情假意過完這一生」，是她最常用來迴避問題的方式。

讓她沒想到的是，正是她的迴避才將一段段親密關係推遠。不交流、不溝通、不解決，表面掩蓋的美好，風輕輕一吹，裡面埋藏的，都是日積月累的矛盾和怨恨。

「把話說出來，輸出情緒，表達自己，信任溝通的力量，大多數人從小就明白這種簡單的道理，而我花了二十幾年才明白。」茉莉稍顯落寞。

我也有點兒詫異，沒想到她還有過這樣的心路歷程。「但是妳現在的狀態真的很好啊，完全看不出來妳以前是這樣的人。我一直覺得妳很樂觀開朗。」

她笑了笑說：「那是因為遇到了我現在的男友。」

二

剛跟男友秦明在一起時，一遇到矛盾，茉莉還是會戰術性迴避，總想快速息事寧人，看到苗頭不對就會找別的事情岔開話題。

「妳是什麼意思啊？為什麼岔開話題？」有一次她又想迴避，但秦明卻沒放棄追問。

「這件事已經過去了，可以了。」她還是很抗拒。

然後秦明說了一句讓她覺得很溫柔的話：「這件事沒有過去，妳只是在逃避，妳每次都這樣，但是我告訴妳，這次不行。我不會讓妳帶著情緒過夜的，妳所謂的自我調節是在慢慢的遠離我，我不要妳這樣。」

那一刻，茉莉感覺自己的心突然縮了一下。

秦明看著她，繼續很溫柔的跟她說：「我寧願妳發脾氣，把所有不滿都說出來，也不願意妳悶悶不樂。」

茉莉有點哽咽：「我害怕我們吵著吵著就分手了，也害怕你覺得我脾氣不好而不再愛我了。」

「我不會因為妳脾氣不好而不愛妳，更不會因為一次爭吵而跟妳分手，但是如果妳一直試圖靠隱忍來粉飾太平，我擔心總有一天我們會爆發更大的衝突。」

茉莉說：「你不會覺得我無理取鬧，討人厭嗎？」

秦明一本正經的對她說：「望周知（按：布達或通知事項時的慣用語，指希望大家都知道），時時刻刻的情緒穩定，在一段關係中並不是什麼好事。畢竟，妳的一點小小不開心在我這裡都是天大的事，這才是戀愛的本質。如果時刻被迫在戀愛中做一個情緒穩定的人，那還談什麼戀愛，不如我們一起開間公司好了？」

茉莉瞬間被逗笑了。

茉莉對我說：「他這段話讓我想了很久，兩個人在一起，吵吵鬧鬧，發些小脾氣都很正常，不要畏懼摩擦，摩擦會產生熱量，僅僅是這點熱量，就會轉化為熱情。從那之後，我就很坦然了，也敢發脾氣了，但絕不是無理取鬧，我現在整個人都舒坦了。」

真的，好像這個世界特別推崇好脾氣。

受了委屈，所有人都會勸你：忍一忍算了。

明明是別人犯錯，但只要你生氣了，就會變成是你太計較。

偶然忍不住發了脾氣，不用等別人說什麼，自己就先不好意思。

好像逆來順受是一種很好的美德，脾氣不好是一件值得反省的事。

你以為自己被認可、被喜歡只是因為脾氣好，總擔心發了脾氣就會失去一切。但不是這樣的，上司器重你，是因為你的能力；朋友喜歡你，是因為你的義氣；另一半偏愛你，只是因為你是你。

想要和一個人長久的相處，就要學會適當的給出負面回饋。

那些因為你「不夠溫順」而離開的人，那些因為你發了脾氣就覺得你不好的人，其實根本就不在乎你。而且只要你不是亂發脾氣，就不會有人因為一次脾氣，而覺得你不值得信任和喜歡，相反的，有時候脾氣會讓別人覺得你有原則，從而更加尊重你。

我們終其一生去研究怎樣活得通透，其實不過是直白的表達自己的感受。

現在有很多種自由，比如車厘子自由（按：車厘子指櫻桃，是cherry的諧音，車厘子自由指買櫻桃時無須顧慮生活開銷，經濟自由的狀態）、買房自由、單身自由、辭職自由，但很少有人提及一種自由：發脾氣自由。

在我看來，「發脾氣自由」才是一個成年人最該有的自由。

不翻桌是一種修養，但翻桌是一種自信，本質是什麼呢？我願意。

對喜歡的人，真實的表達情緒，做一個真人，而不是傀儡；對於不喜歡的人，更沒必要裝好人，討好沒用，畢竟只有對方在意你的時候，你的在意才有意義。至於那些總是需要妥協和忍讓的人，早點說再見也不是一件壞事。

善良、好脾氣不能成為溫室裡的花，它必須長成玫瑰。送給愛人，手有餘香；送給敵人，扎傷他手。

比起「控制好情緒」，我們更需要的是「不好意思，今天要發個脾氣」。

偶爾對世界發發脾氣，你也仍然還是好人，但你會得到一個不一樣的人生。

三

隨著年齡的增長，我們越來越善於偽裝自己，再也不敢做鮮明的表達。

前兩天看了一篇文章，說到總結當代矯情文學（按：指詞藻漂亮但不知所云的文章）的，包括但不限於追憶青春的傷痛文學（按：描寫青春時期傷痛的文章），我覺得很有意思。那麼生猛的表達喜歡，那麼淋漓盡致的表達傷感，現在看來竟然如此尷尬，當年我可是看得津津有味啊。

然後我就在想，從什麼時候開始，我們羞於表達自己的情感了？大概是一點點長大開始的。

羅振宇（按：中國媒體人）曾經說過：「成長的本質，不是提高、不是更好，成長的本質，是變得複雜。」

成長賦予我們太多的責任，不敢失敗、不敢任性、不敢軟弱，甚至不敢表達自己的情緒，漸漸學會了理智，學會了偽裝。

每個人的演技都很棒，明明心裡已經潰不成軍，臉上還會神采飛揚。

因為不想被低估，不想成為別人的笑柄，不想觸碰自己的痛處，可是又要負重前行，只能用假裝的快樂掩藏起所有心酸。

嘴上說「我很好」，心裡想的往往是「我很糟」。

於是在生活中，你常常上演人格分裂，並且無縫接軌。

你在群組裡演勵志狂人：今天又是收穫滿滿的一天；今天跑了一公里，了不起；明天也要好好努力啊！

但是到了社群媒體，畫風（按：網路用語，指行事風格）就變成這個樣子：死了，我的論文還沒寫完，我怕是一條廢鹹魚（按：出自粵語俚語，原指死屍，引申為形容沒有夢想的人）了；這個人在說什麼啊，太蠢了；主管太喪心病狂了，這都能找我麻煩；啊，可愛的小貓咪……。

一邊在群組裡假裝努力，生怕別人不知道自己是誰；一邊又在社群媒體放飛自我，生怕被人認出自己是誰。

白天歡聲笑語，人生很快活；夜晚歇斯底里，人間不值得。

人生的真相就是，在網路上動若瘋子，在現實中安靜如雞。在熟人看不見的角落，你敢指點江山，痛罵世界，吐槽現狀，但你就是不敢罵每個週末都在裝修的鄰居。

成年人的「心平氣和」，有時候並不是真正的寬容，只是以前那些拿來解決與別人衝突的精力和情緒，現在更需要拿來解決和自己的衝突。

有些話欲言又止，因為不是誰都聽得懂你的事；有時候假裝快樂，因為不是對誰都能掉眼淚。最後呢，為了不徒增自己的煩惱，對很多事情，你通常還是會選擇「假裝」不在意。

主管進行無聊的發言時，你還是會用力的鼓掌；被屁孩冒犯時，還是會假裝原諒他；失戀的時候，也會裝作很瀟灑的離開⋯⋯。

微笑只是一種表情，它不代表心情。

擔心被人說幼稚，害怕被人說矯情，於是試圖把自己變得更成熟、強大、無所畏懼。但在拋棄幼稚的同時，也喪失了發生驚喜的可能性。

有人說：「比起沉溺於悲傷，沒有情緒更讓我安心。」但這也意味著，被抽走的，不僅是失落和痛苦，還有快樂和意義。

生活就是既甜又悲，既清醒又瘋狂，但我們總是被要求，只展示甜和清醒的一面，那另外一面該寄存在哪裡呢？

長大後，我們要去摸索更成熟的解決方式，但一定不要壓抑自己。一旦成為生活的局外人，活著，就失去了參與感。

四

看著鏡中面無表情的自己，你會不會覺得陌生？你有多久沒有大膽的哭過？認真的笑過？真正的快樂過？

你擅長封印內心的風暴和海嘯，卻學不會輸出內心真實的想法；你謹小慎微的在乎別人的眼光，卻忘記了自己的需求和感受；你不停的擁抱情緒，又克服情緒。

明明害怕冷漠，卻假裝淡定；明明心灰意冷，卻強顏歡笑。

你學會了不動聲色，不敢情緒化，不讓自己回頭看，選擇一頭栽進生活裡隨波逐流。沒人會把「我有很多壓力，我想嘆一口氣」掛在嘴邊，但悲傷和沮喪還是會不經意的從角落冒出頭來。有時候不是故意小心眼愛生氣，就是一股委屈上來了壓都壓不住。

每個人都會感受到情緒的波濤洶湧，感覺自己被沮喪、抑鬱、焦慮、自卑、孤獨這些不快樂情緒吞噬，這和脆弱無關，永遠不要為自己的真實情感覺得抱歉和羞恥，所有的情緒都是我們的一部分。

生活很難、很累的時候，崩潰真的不是因為你太弱了。失戀不是一件小事，傷心也並不羞恥，成長的煩惱，別再說它只是咬咬牙就能過去的陣痛，沒有一種情緒是不正當的，沒有一種痛苦應該被輕視。

成年人的假裝一切都好，只不過是不敢面對，但成年人的世界不應該只有佯裝堅強，還要允許自己偶爾沮喪。能為生活裡的「小確幸」狂舞，也能為「小確悲」神傷。一個人不用活得像一支隊伍，只要活得像一個人就行了，有尊嚴、有追求、有夢想，也有軟弱和頹廢的時候。

沒有人規定你一定要陽光快樂、積極向上。你欣賞總是元氣滿滿的人，不代表你也必須那樣，如果有人因你的脆弱而嘲笑你，那是他們的錯。只要你的負面情緒沒有給別人帶來麻煩，就永遠不必為自己的脆弱而自卑。陰天和晴天都很可愛，你也一樣。

相對於做一個不動聲色的大人，做一個有聲有色的人更好。「有聲」是指敢於發出自己的聲音，敢於表達自己的感受；「有色」是指敢於活出自己真實的樣子，每一天都過得多姿多采。

當你心情不好時，你不必急著去吃喝玩樂，表現出什麼事都沒有發生的樣子，你只需要告訴自己：我可以難過，可以憂傷，可以委屈，可以憤怒，可以孤獨，可以焦慮，可以抱怨，可以指責，可以討好，可以躺平，我可以……。

按時悲觀，可以防止情緒崩塌。想哭就哭一場，哭泣是一種宣洩，會為你按下暫停鍵，不被困境所壓垮。

溫馨提示：哭的時候，大腦會分泌腦內啡以減少痛苦，相當於大腦輕輕拍著你的背說：「沒事的，一切都會好起來。」

詩人木心說：「一個人從悲傷中落落大方走出來，就是藝術家了。」

越長大越要照顧好自己，不要過分透支自己。打電動一覺得累，馬上上床躺下；吃東西一覺得飽，立刻放下筷子；和人交往一感到不適，趕快冷卻自己。情緒不好的時候，就多關心一下自己。

心靈養生，不是在保溫杯裡泡枸杞，而是自己給自己的內心按摩。要誠實的面對自己，發自內心的說一句：我很好，敢哭敢笑，沒什麼大不了。

04

你嚮往的小日子，需要一點點用心和熱愛

如果生活中，有人帶著做一杯濃縮咖啡的心思來對待你，
那可真是再幸運不過的事情了。

我們都應該試著用做濃縮咖啡的心態去面對生活。
接過一杯咖啡時，心想「這杯咖啡是為我而做的」。
趕上一班捷運時，默念「這班捷運就是為了等我的」。
克服一個困難時，
也要相信「我盡了最大努力，命運也在冥冥中幫了我一把」。
想要做到，才會做到。

一

有一天上午，工作特別多，忙到中午還沒空吃飯。好不容易忙完了，一看時間，已經下午兩點半了。閒下來之後，才發現肚子早已餓得咕咕叫。

和上司說了一聲，我和瑤瑤直奔公司附近的餐廳「午間飯堂」。

我們都餓壞了，兩份炒飯一下子就吃光。感覺時間還早，就想喝杯咖啡再回去。

我點了一杯冰拿鐵，瑤瑤點了冰美式。正好店裡沒什麼客人，我們就坐在吧臺和飲品師嗒嗒閒聊。

瑤瑤一口氣喝了半杯冰美式，「太解渴了，嗒嗒，今天這杯冰美式太讚了。」

「是嗎，今天點冰美式的人特別多，做出了手感。」嗒嗒說，然後轉向我，「妳怎麼那麼愛喝冰拿鐵？」

我思索片刻，非常認真的說：「可能覺得自己缺鈣吧，加點牛奶，防止骨質疏鬆。」

嗒嗒聽後狂笑：「妳這是什麼歪理邪說啊，真沒聽過。」

「你可別不信，有科學根據的。我也納悶，冰美式到底有什麼好喝的？」

「美式多好啊，可以消腫，可以提神。重點是，沒有好壞，只有偏愛，不是所有人都喜歡，但喜歡的人很著迷。」瑤瑤一下興致高昂了起來。

我撇撇嘴，說：「冰美式就是咖啡界的工具人，和我們打工人一樣。」

「打住，翹班時光，謝絕扎心。」瑤瑤又不愛聽了。

「妳們知道嗎，我們店裡喝什麼的都有，但只有一個女生，每天會來喝一杯義式濃縮。」嗒嗒神祕的說：「因為每天只做一杯，所以我每一道工序都非常嚴謹，想把每一杯都做好，給這個特別的人。」

「好你個嗒嗒，你還差別待遇，等下就告訴你們老闆，讓他收拾你。」瑤瑤假裝很生氣。

「哎，不要這樣——我沒有差別待遇，我真的每一杯都用心做，只是對義式濃縮印象更深刻。」嗒嗒趕忙求饒，其實我們只是逗他而已。

這間餐廳附近有很多公司，午餐是主打，所以開門相對晚一點。九點整，零星會有人進來。九點半，那個喝義式濃縮的女生會準時出現，點一杯濃縮咖啡，然後靜靜的坐在吧臺喝完。一直如此，嗒嗒說他們就這樣慢慢熟起來了。

聽起來像是什麼故事的開頭啊，我趕緊追問他們平時都聊什麼。

「一杯義式濃縮。」

「好的，稍等一下。」

「義式濃縮好了。」

「謝謝。」

就這樣？那我跟好幾十個咖啡師都是哥們了，人家有時候還會說「吸管自取」呢！

嗒嗒急忙解釋：「那不一樣，那不一樣。」

每一個喜歡咖啡的人，都夢想自己能開一家咖啡館。嗒嗒也不例外，只是理想很豐滿，現實卻很殘酷，開一家屬於自己的咖啡館越來越像一場白日夢。

每天做著各式各樣的飲品，漸漸消磨了他的熱情，夢想好像離他越來越遠了。

但自從那個女孩子出現之後，他的夢想好像又被點燃了。即便濃縮咖啡不需要他怎麼操作，他仍然堅持小心翼翼的將咖啡粉壓得平整好看。因為壓粉太重要了，直接決定萃取是否均勻，而且非常考驗咖啡師的手感，如果壓得不好，他是絕對不會給她喝的。

把一杯味道最醇厚的濃縮咖啡親手送到對方手上，對嗒嗒來說就是每天都要進行的儀式，以此提醒自己：我是一名專業的咖啡師。

我想，那個女孩子的那杯專屬濃縮一定非常好喝。

如果生活中，有人帶著做一杯濃縮咖啡的心思來對待你，那可真是再幸運不過的事情了。

我還想追問，結果瑤瑤比我還八卦：「之後怎麼樣了，有沒有加她好友？」

「為什麼要加好友啊？把她嚇跑了怎麼辦？」

我隨後補刀，提出靈魂一問：「你有沒有想過，你們店前後左右，四面八方最少有四家咖啡館，為什麼她偏偏到你們這裡來點一杯濃縮咖啡？我沒有說你們不好，只是為什麼有專業的咖啡館不去，要來餐廳喝咖啡呢？不是很奇怪嗎？」我的頭髮很少，每一根都有它的名字，剛才「西爾維婭」掉了，我一邊問，一邊惋惜它。

嗒嗒愣在那裡起碼有十幾秒，然後轉過身去假裝忙碌，但是動作很慌亂，把杯子碰得叮噹作響。

我和瑤瑤對視一眼，瑤瑤不懷好意的說：「妳這是在玩火啊？」

「我只是在說一種可能性，別人怎麼想我可沒辦法。」

後來，我們也沒再追問嗒嗒和對方是否真的有下文，但是這件事卻讓我反省：我好像已經很久沒有那種為了一件事特別用心的時刻了。

記得上一次感受到被用心對待的時刻，也是關於咖啡。

在一家小咖啡館裡，咖啡師問我：「要不要試試我新發明的特調？」

我很期待的說：「好啊，好啊。」

「可能非常美味，也可能非常暗黑料理。妳準備好了嗎？」

「這……好吧，我試試。」

「騙妳的啦，不好喝怎麼敢拿出來。」

嘗過之後，我宣布，那是我喝過最好喝、最濃郁、最醇厚的咖啡，以至於我那一天的心情都超好。

那麼用心的去做一件事怎麼會搞砸呢，當時，整個宇宙的力量都是你的助攻。

我們都應該試著用做濃縮咖啡的心態去面對生活。

接過一杯咖啡時，心想「這杯咖啡是為我而做的」。

趕上一班捷運時，默念「這班捷運就是為了等我的」。

克服一個困難時，也要相信「我盡了最大努力，命運也在冥冥中幫了我一把」。

想要做到，才會做到。

二

從前車馬很慢，一生只夠愛一個人，現在外賣晚到兩分鐘都想罵人。

打開影片的第一個動作是調到一．五倍速，一本書看三遍都看不完前三章，一部影集看了好幾天也沒看到高潮，甚至沒有耐心聽一個人講話，還有背英文單詞永遠停留在

abandon（放棄）……。

我們失去了人類最寶貴的東西——耐心。

這是一個連上廁所都要加快速度的時代。我們越來越難耐著性子做完一件事、堅持一個興趣，或者做好一份工作了。

有時候很羨慕和渴望那種，完全沉浸在一件事情裡的狀態。

朋友羽欣大學畢業後，在某大型連鎖超市做行政主管，收入不錯，但她常常感覺自己像是一個購物袋，好像可有可無。

她一直熱愛美食，愛看各類美食紀錄片、餐廳的故事、廚師大賽，也買了很多關於做菜的書，對各種食材都很了解。

當然，親自下廚是她的最愛，她喜歡一整天都泡在廚房裡研究新菜色。對她來說，研究出好吃的菜，就是見證魔法的時刻。

她如此熱愛美食是受爺爺的影響。她的爺爺做了四十年的廚師，修得一手好廚藝。

從小她就知道，她們家的飯菜總是比別人家的講究。爺爺還經常帶她上館子，當地最有名的餐廳和小吃，都留下了他們的足跡。

她出社會工作的第四年，爺爺去世了。她很傷心、很難過，覺得疼自己的人又走了一個。

在悲痛中，她想到爺爺這一輩子對廚藝的熱愛，應該有一個人幫他延續下去。人活一輩子，不就是要去追求自己真正在乎的東西嗎？

於是，她辭職了。

辭職後，她做了自媒體的美食部落客。做自己喜歡的事，真的會變得勤奮。她每天都去探訪餐廳、小吃店，回來寫美食評論，品嘗各種食物；研究各地的餐館；嘗試搭配食譜，分享給粉絲；把自己對美食的心得寫成有趣的文章，分享出去。

有時候，她會去「午間飯堂」打工，老闆武哥也是一個熱愛美食的人，願意幫助有同樣夢想的人。武哥曾經對別人說過很多次，他覺得羽欣很有天賦，將來一定會成為優秀的廚師。

羽欣的確比以前快樂了，但偶爾也會面對親友的質疑，他們擔心她的喜好不足以安身立命。

但羽欣總是堅定的給自己打氣，一方面她覺得現在有了寄情之處，而且自己對物質要求也沒那麼高，就算過著簡單安逸的生活，她也心甘情願；另一方面，她覺得自己對美食的熱愛是宇宙給她的啟示，只要沿著這條路堅持探索，一定會走出自己的路。

內心沒有熱愛的人就像快枯死的樹，一直沒有感興趣的東西來充電，眼裡的光都會黯淡掉。而內心有熱愛的人，整個人都是發光的。

我見過羽欣做蛋糕時的模樣，那是一種全然忘我的沉醉，執著於每一個細節，直至做到最好。一個人打心底裡想做一件事，會抑制不住的興奮，而這件事反過來會滋養她的自信。

我相信，羽欣一定會成為一代名廚。

做成一件事，除了無法改變的外在因素，關鍵在於真心，至少你要發自內心相信自己做的事情。

香港作家亦舒說過：「假如你真的想做一件事，那麼就算障礙重重，你也會想盡一切辦法去辦到它。但若你不是真心的想要去完成一件事情，那麼縱使前方道路平坦，你也會想盡一切理由阻止自己向前。」

我們都是業餘新手，誰都是第一次參與滾燙的人生。人生第一次也要正確，因為你只有這一次機會。竭盡全力去做一切想做的事情吧，既然做了，就值得用心做好。

三

一個人最美好的狀態是什麼？那一定是極其清醒的知道自己要什麼，並且找到方向和路線，全力以赴。

有人將後現代焦慮提煉成了一個定理，那就是：「我是那麼的渴望……以至於不可能……」我是那麼的渴望睡著，以至於不可能睡著；我是那麼的渴望真愛，以至於不可能得到真愛；我是那麼的渴望完成這個計畫，以至於不可能完成……。

焦慮誕生於不作為，那麼打敗焦慮最好的辦法就是：我是那麼的渴望一件事，以至於我一定要做到。

日本企業家稻盛和夫也說：「我堅定一個信念，那就是內心不渴望的東西，它就不可能靠近自己，亦即，你能實現的，只能是你自己內心渴望的東西，如果內心沒有渴望，即使是能實現的夢想也會實現不了。」

你渴望的那件事，會成為你人生的一條主軸。你會為此奔波、為此忙碌、為此自我改進和提升，一邊經歷進取的挫折，一邊變得快樂和深沉。

還不止於此。更大的好處，是你會完全從瑣碎中抽離。如果沒有這條主軸吸住你，你很可能會無所事事，可能在泥地裡與豬歡樂打滾，可能斤斤計較拿不上檯面的事，也可能被別人的言行操縱著自己的情緒，越參與，越虛弱，又無法自拔。而能夠時時刻刻回到自己主軸的人，會免除這些無力的痛苦，一直挺拔的活著。

過程自然很辛苦，可能會遇到不理解，可能會遇到失敗，也可能會遇到困難，但無論如何，做自己喜歡的事情，即使有困境，也能用更積極的心態去應對。

暗示自己運氣好這件事特別有用，人一旦有了正向的氣場，很多事情都會不一樣，你相信自己能做到的話，其他人也會更願意伸出援手。

真實的靈魂自有引力，當你真心渴望某樣東西時，整個宇宙都會來幫忙。這不是什麼魔法和玄學，我更願稱之為吸引力法則。當你想放棄時，整個世界都在離你而去；而當你想爭取時，想要的東西也會離你越來越近。

現在就去找找讓自己興奮、有成就感的事，去體會那種挑戰、較量的過程。你會發現，當你投入其中去做一件事時，你只會關心自己腳下的路。

05

你要快樂，不必正常

不必太在意那些「必看、必吃、必去」的榜單和總結報告，
好像生活只是一張任務清單，那真的很無聊。

沒有必須看的風景，沒有必須吃的美食，沒有必須做的事情。
人生可以隨時開始，可以隨時放下，生活是自己的，美也是自己發現的。

既然已經上了淘氣鬼榜單，那還不如乾脆名列榜首。

一

傳說中的四大寬容：大過年的；有什麼大不了；都很辛苦；來都來了。人為什麼活著？來都來了……。

但是，千萬別在江小小面前提「來都來了」這四個字，否則她一定會爆炸。

前段時間，江小小去參加國中同學會，她本來不想去，但是班長死纏爛打，天天傳訊息轟炸，還說一切都由他來安排，她只要人到就好。班長都這麼說了，江小小也不好意思拒絕。

結果，去了之後……就想換個快樂星球生活。

同學會的地點選在哪兒呢？說出來差點笑死我——動物園。我的天啊，七、八個大人背著小書包，不是，是背包，去動物園。雖然我從來都主張大人要保留必要的天真，但這也太過頭了。

問及原因，原來當年他們畢業時，一起去了動物園。班長想舊地重遊，重溫美好的舊日時光。

第一站，去猴山看猴子。看就算了，班長還招呼大家合照留念。大家大眼瞪小眼，誰都不願意。

班長一個個的把大家往前推：「哎呀，來都來了，一起拍張照嘛，這是珍貴的回憶。」除了班長笑得像個一百公斤的胖子，其餘人的臉上都是同一款的「殺了我吧」。

拍照時，江小小看到不遠處有一個小男孩，一邊跺著小腳一邊和媽媽說：「我要看猴子，我要看猴子，他們擋住我看猴子了。」

江小小當時心裡想：「還看什麼猴子啊，我不就是猴子嗎？」

接下來各種動物看了一圈，合照社死（按：全名為社會性死亡，指在大眾面前出醜）一個不少。

逛了大半個動物園，大家都累了，班長卻像打了雞血（按：形容很亢奮）一樣，安排大家去划船。

看大家興致不高，班長又說：「來都來了，讓我們泛舟湖上，領略這大好河山。」

「大好河山」都搬出來了，誰能拒絕啊！

拖著疲憊的身子上了「賊船」，江小小的肩膀差點沒划船划斷了。下船之後，每個人的手都在抖。

班長還挖苦：「你們平時都不運動嗎？划一下船手就抖成這樣，真的不行啊。」

總算走到終點了，每個人的臉上都洋溢著劫後餘生的喜悅之情。班長似乎並未盡興，還要一起吃飯，並且執意帶大家去附近一家髒兮兮的小飯館。

每一個碗碟似乎都被蒼蠅親吻過，至於飯菜……用日本作家夏目漱石的話說：「就像十九世紀沒賣出去，二十世紀又砸在手裡的賠錢貨。」沒人有勇氣做第一個夾菜的人。

班長又來了，說：「來都來了，好歹吃一點，要是飯菜實在不可口，我唱首歌給大家助助興吧。」

此話一出，所有人都表示自己餓了，大家拿出餓了幾天的架勢，閉上眼睛，也不管裡面有沒有蒼蠅腿，全部都吃光了。

最後，班長很滿意，說以後有機會還要多安排聚會，順便挖苦了大家的體能——划船划成那樣，太缺乏運動了。沒人接話，只想快點結束。

大家唯一的請求就是，讓班長千萬不要把合照發到群組裡，要發就單獨發給個人。

回來之後，江小小好一頓跟我吐槽。

我挖苦她：「妳要是把對我的強硬態度拿出一〇%來對付你們班長，都不至於會這麼慘！」

「我們班長笑得像個彌勒佛一樣，誰好意思拒絕。但妳放心，以後打死我都不會參加同學會了。」

江小小貌似還患上了「被刺激後」創傷後壓力症候群，很長時間裡都覺得，江亂跳看她的眼神像在看猴子。

為什麼會說出去玩一定要和「對的人」一起？因為對的人會讓你感覺時光飛逝，而不對的人只會讓你痛苦到度日如年。

「來都來了」是一個可怕的魔咒，只要有人對你說出這四個字，你就會像中邪般的買票去最坑人的景點、玩命爬最艱險的高山、吃下最難吃的飯菜。

所謂「來都來了」，無非忍一忍就過去了。而有的人特別善於拓展這幾個字的功效，以此達到輿論綁架的效果。

比如，「不能太特立獨行，不能太在意自己的感受。和人相處要讓別人舒服，不要那麼敏感。」

「有情緒是不好的，有自己的想法是不對的，和別人不一樣是糟糕的，別人都這麼做你為什麼不能？人就該在合適的時候做合適的事情。」

「太逞強不好，沒必要非得追求最好，平凡可貴的過一生，才是大多數人的歸宿。」

於是，就會有人放棄自我意識，丟掉內心秩序，試著去迎合，按照別人的想法生活，然後又怨恨自己：為什麼沒活成自己想要的樣子。

一定要保持清醒，不要被一些看似真誠，實則是綁架的話術套牢了。

「來都來了」也並非貶義詞，語言就像工具，如何使用，完全掌握在使用者手上。少聽別人口中的「來都來了」，要多對自己說「來都來了」，這叫反向操作。

當一個千載難逢的機會擺在你面前，你不敢爭取時，要對自己說：來都來了，我就是要試一試，無論成功還是失敗，至少我嘗試過。當緣分出現，你不知道該不該表白時，要對自己說：來都來了，我就是要勇敢表白，哪怕被拒絕，至少我不會後悔。

當你看不到前面的路，想放棄時，要對自己說：來都來了，再堅持一下，也許就能看到希望。

一輩子那麼長，不必因為別人的言論而踟躕不前；一輩子又那麼短，不能因為自己的怯懦就放棄無限可能的人生。

你來人間一趟，就是要按照自己的心意，做出自己的選擇，承擔自己的人生，過不後悔的生活。

來都來了，那就精彩的活一次吧。

二

世界上最難的事，就是擺脫他人的期待，無視他人的指指點點，面對他人的不理解，找到真正的自己。

知乎（按：中國問答網站）上有一個問題是：如果不考慮薪水、尊嚴、面子，你最想從事什麼工作？

有一個回答讓我眼前一亮：紐西蘭有一種工作，有人會在下雨天搭直升機巡邏草原。他要找到那些倒在地上的羊，因為那些羊的毛在下雨天吸了太多水，會倒在地上起不來。他就要找到那些羊，然後把牠們扶起來、搖一搖，把牠們身上的雨水抖掉。

我也問過一些朋友，如果不考慮收入和現實的話，你會選擇做什麼工作？

寶莉說：「大概是做歌手吧。」

寶莉唱歌真的很好聽，是公司裡的麥霸（按：霸占麥克風不放的人），每次出去聚餐都是氣氛擔當。有一次，她憑藉一己之力和幾個男同事飆歌，結果把對方唱到缺氧、直翻白眼。

她大學時組過樂團，自己寫過歌，還在畢業典禮上表演過。那一刻，用她的話說，「就是整個舞臺上最靚的崽（按：中國獨立音樂人二毛拖拉機的歌名，指最受注目的人）」。

但是畢業後，她把歌手夢關在KTV裡，迅速投身朝九晚五的打工生活。沒有成為一名歌手，倒不會是人生最大的遺憾，但偶爾夜深人靜時，寶莉會幻想自己成為巨星。

而朋友魯彬彬也有話要說，他說他想做吟遊詩人。

「這還真是天馬行空。」

「你不是說不考慮現實嗎？」

「對對對，你繼續說。」

魯彬彬想背著吉他浪跡天涯，最好給他配一匹馬。他騎著小馬，無懼世俗的眼光，走到哪，唱到哪，把歌聲傳遍世界的每一個角落。

女友韓文文說：「你可別帶著我啊，我寧願在家躺著。」

而現實是，他只能在家裡拿著一把吉他，一遍遍唱著陳奕迅的《吟遊詩人》給韓文文聽：「你喜歡不停遊走，到不同地方演奏，我喜歡拖你的手，幻想天長地久……。」

剛開始，韓文文覺得很浪漫，總是沉醉在歌聲中，現在一聽就馬上捂著耳朵逃走。

大家都想過點不一樣的生活，但也就止於想想，都會說「世界那麼大，我想去看看」，但真正去做的人，我身邊反正一個都沒有。

因為我們害怕，害怕別人說我們奇怪；我們擔心，萬一失敗了怎麼辦；我們更加無法忍受，本來已經灰頭土臉，還要聽別人的那句：「我早就提醒過你了。」

其實，選擇什麼樣的生活，決定權不在別人嘴裡，不在別人手上，它只在你的心裡。眼睛要少盯著別人，多問問自己：你想過的那種生活，是真的喜歡還是為了嘩眾取寵，讓別人覺得你酷？是真的喜歡還是故意與大多數人作對？是真的喜歡還是只想逃離當下的困境？

不要盲從，不要恐慌，要清醒，更要勇敢。

不必太在意那些「必看、必吃、必去」的榜單和總結報告，好像生活只是一張任務清單，那真的很無聊。人生的重點在於自我感悟，而不是別人告訴你該如何。沒有必須看的風景，沒有必須吃的美食，沒有必須做的事情。人生可以隨時開始，可以隨時放下，生活是自己的，美也是自己發現的。

這些年我身上最大的轉變就是，越來越能接受自己的「不被理解」了。只有領悟到「讓所有人都贊同自己」這件事不現實，才能真正過好自己的生活。

時間那麼寶貴，我們都要活在自己的時間線裡。人的心之所向需要真空包裝，然後加以堅守。讓自己高興，永遠都是第一法則，有沒有被認可都沒關係。

我們都要在追逐夢想的道路上，少一點隨波逐流，多一點「我想要」。當別人都不支持你做某件事的時候，那不意味著放棄，而是你將孤軍奮戰了。

三

一定要贏在起跑線嗎？

一定要拿第一名嗎？

一定要做到最好嗎？

一定要每個人都活成一種樣子嗎？

我們的焦慮感太強了，總是盯著別人，為什麼別人可以而我不可以？

愛因斯坦說：「如果你根據能不能爬樹來判斷一條魚的能力，那你一生都會認為牠是愚蠢的。」自我要求是好事，但畸形的攀比或者刻意模仿，只會讓人丟失自我。

每個人心裡都有一座火山，不要活成了賣火柴的小女孩。

很多人被現實磨平了稜角，逐漸泯然眾人，但總有人突圍而出，活得多姿多采。因為愛惜自己僅此一身的羽毛，他們努力抵制同化與相似；因為想活出真實的自我，寧願付出更多的勇氣和努力。

所以，當你想要與眾不同時，別急著用世俗的標準衡量自己，先放下「從來如此」的狹隘和偏見。

去找到自己的熱愛，找到私人製定的活法，找到有趣的玩法，找到不是複製黏貼的生活形式，才能活出自己。

每個人都有自己的花園，有自己純粹的滿足和快樂。你精心挑選種子，耐心的澆水施肥，等待植物生長出來。但從未有人規定，大家都要種同一種植物。別人都在種麥子，你可以退出來去種玫瑰，這樣世界才會一片姹紫嫣紅和遍地芬芳。

活出自己，是對獨一無二的生命最好的回饋與感恩。

參差多態，才是幸福本源。

你可能有奇思妙想、不合常規的視角；有敏感的、不易被覺察的感受；有標新立異、不被理解的觀點；有孤注一擲、不被看好的堅持；有私藏的、不符合主流的喜好……正是這些或細微或宏觀的「不同」，讓你逃離了循規蹈矩、隨波逐流，成為一抹顏色不一樣的煙火。

高興快活很好，乏味無聊也很好；愛情滋潤很好，享受孤獨也很好；變成大人模樣很好，童心未泯也很好；遊走世界很好，宅在家裡也很好。世界那麼好，你不適合這個規律也很好。

你要快樂，不必正常。

你不一定非得長成玫瑰，你樂意的話，做茉莉，做薔薇，做無名小花，做千千萬萬的小草都可以。

你也可以當冰櫃裡的冷門飲料，薄荷的，銷量不一定好，但就是有人喜歡。

從今以後，不用成為某個人，去成為自己的理想型。既然已經上了淘氣鬼榜單，那還不如乾脆名列榜首。
來都來了，那就過一個有膽量、有個性、有自我的人生吧！

購物車裡的寶貝可能明天就下架，
想去的那家飲品店或許後天就關門，
這一秒的夕陽你不抬頭就永遠錯過，
八歲時最想要的玩具長大後就不想玩了，
二十五歲再買十五歲時喜歡的裙子，已經不喜歡了。
很多事沒有來日方長，你要現在就快樂。

06

不是生活不夠甜，而是它不如你想像的那麼甜

人類很奇怪，
一旦得到某樣東西，就會忘記當初趴在櫥窗上看它的心情。

不要抱著「我堅信有一個人正翻山越嶺向我走來說愛我」的心態，
去對待你的生活。
當你把現在的每一天都當作是對未來的鋪墊，
那每一天你都活在等待裡。

愛情也只是蛋糕上的那顆草莓，
有它、沒它，你都應該一樣甜。

一

對一件衣服最在乎的時候，大概是買它的時候。款式、顏色、搭配、剪裁，小心翼翼觀察，總想用最划算的價格買到最合身的衣服，然後在某個場合被誇獎，內心萬馬奔騰，表面卻淡定的說一句「還可以啦」。

對一雙鞋最在乎的時候，大概是剛穿上它們的前幾天，誰要是敢踩一腳，一定和對方拚命。

對一個人最在乎的時候，大概是剛看對眼的時候。他的一切都很完美，再加上月色溫柔，小鹿亂撞的激動不已，最好能交換一句對方誠懇的邀約。

可惜，很多人打開衣櫃，總覺得沒有衣服穿。

可惜，很多人即便在一起，也未必能長久。

清桐是一家畫廊的老闆，常年與藝術品打交道，或多或少讓她變成了一個對完美過分偏執的人。大到人生的十字路口，小到一次吃飯點菜，總是權衡思量，為的就是在眾多選項中，排列組合出最佳選擇。

她對一頓飯的要求是，不僅美味，還要環境優美，價格親民；她對看電影的要求是，必須是全場最中間的位置。去一次健身房，就想瘦兩公斤；發一則訊息，希望對方秒回；認識一個人，當然也要各方面都很完美。

從十幾歲開始，清桐就在期待一場絕美的愛情。

和很多女孩一樣，她當然幻想過最浪漫的求婚場景，鮮花是標準配備，還要有香檳和恰到好處的燈光。男孩的頭髮整潔，笑容溫暖，最重要的是眼睛充滿柔情和愛意。下一秒，他就會單膝跪地，而她會滿臉嬌羞的說：我願意。

她有無限的想像力，經常在腦子裡上演愛情小劇場。

時而內心澎湃，好像下一個轉角撞上的人，就是一路斬妖除魔向她趕來的王子。每次看手錶都會想，秒針又走完一圈，我的王子距離我又近了一分鐘；吃一口漢堡也在想，萬一這樣胖下去，王子看到了不喜歡我怎麼辦？

時而如臨大敵，那個傳說中的唯一也許並不會出現；也許趕路的時候扭到腳，知難而返了；也許帶著寶刀闖入山洞，發現和惡龍更有默契，相約著共度下半生了……。

她在千迴百轉的情緒裡輾轉反側：哪一個才是他？他會喜歡怎樣的我？

於是，捷運裡不小心撞到她的冒失男孩，是上帝為她選中的人；遞上咖啡的帥氣店員，可能暗戀她很久；笑容熱情的快遞員，可能是流落人間的，騎電動車的王子。

愛情充滿陰差陽錯，要的就是機緣巧合，什麼都有可能。

結果還真的讓她遇到了那個理想中的人，他頭髮整潔，笑容溫暖，最重要的是眼睛裡充滿柔情和愛意。沒錯了，她一眼認定，就是他了。

我以為，她終於得償所願，總算可以停止幻想了。

沒想到，最近發現她又開始在社交媒體上發布傷感文字，這可不是什麼好事。

果然，前天她來找我，證實了我的猜測。

她每次失戀，都會喝光我家裡唯一的紅酒，是的，我家裡總會存一瓶紅酒。喝完就開始哭哭啼啼拉著我說：「為什麼一開始那麼好的人，最後都會讓人失望？」

清桐在愛情裡有一個巨大的迷思，就是：一個人為什麼遠看魅力無限，近看就瑕疵點點呢？

有時是她突然發現對方某方面的特點，讓她覺得陌生，想逃；有時是她發現對方和想像中的樣子差太遠，類似於原來心目中的完美男神也會放屁這種事，讓她幻想破滅，從此視為路人。

人類很奇怪，一旦得到某樣東西，就會忘記當初趴在櫥窗上看它的心情。

所以，她的每一段戀情都開始於無限美好的幻想，然後敗給時間久了的深入了解。她好像只能接受限定時間內的愛情，總是帶著完美濾鏡靠近一個人，恨不得把所有聚光燈全都打在對方身上，一旦濾鏡碎了，幻滅感自然就來了。

如果總是期待太多，那麼經常失望就是難免的。

但清桐不甘心，繼續發問：「為什麼失望的總是我啊？怎麼別人交往了三、四年，還是那麼甜蜜呢？」

我知道她說的是魯彬彬和韓文文。上個星期，他們慶祝了在一起「一三一四」（象徵一生一世）天的紀念日，當時他們幸福的擁抱在一起，感染了在場的每一個人，清桐比當事人還興奮。

誰又會想到，去年這個時候，他們還在為吃喝拉撒的小問題而冷戰呢？

「妳羨慕他們什麼呢？」我問她。

「多甜蜜啊，如果我也能遇到如此完美的愛情，還會一次次分手嗎？」清桐從來不掩飾對他們的羨慕之情。

「妳只看到他們甜蜜的時候，那他們不甜蜜的時候呢？」

二

魯彬彬和韓文文在相愛的一千三百多天裡，也有八百次想要「掐死」對方的時刻。

去年吵得可兇了，不分手真的很難收場。說起來無非就是一些小事，都在氣頭上，看對方各種不順眼。

韓文文洗臉弄得滿地都是水，魯彬彬說她：「妳是屬海龍王的嗎？走到哪兒就把水帶到哪兒！」

魯彬彬上廁所不關門，被韓文文指著頭說：「你是怕被夾到尾巴嗎！」

吃完飯，因為洗碗問題，也會大吵三百回合……反正，都是雞毛蒜皮的小事。

兩人冷戰了很多天，都等著對方開口說分手，早分早解脫。

轉機出現在韓文文生日前幾天的一個晚上，她無意中發現魯彬彬在偷偷上網買一款皮包，她心儀那款皮包很久了，覺得有點貴，一直沒下手。

她心想，原來他還記得，原來他也沒有那麼嫌棄我，還記得要送我生日禮物。

結局當然很美好，生日當天，韓文文背著那款皮包，和魯彬彬開開心心出去吃飯了。

我對清桐說：「怎麼樣，人人都羨慕的這一對璧人也會互相看不順眼，也會因為雞毛蒜皮吵架，妳說妳還要什麼絕對完美！」

清桐當時一臉不可思議的說：「真的假的啊，魯彬彬上廁所不關門啊！」

這不是重點好嗎？

重點是，想讓愛情變得美好，就要試著不再期待完美愛情。

愛情不總是甜蜜的、美好的，它也有針鋒相對的時刻。只不過那些讓人羨慕的情侶，在這些不美好的時刻也沒有放棄，願意接受時間的打磨與塑造，慢慢融合在一起。

愛人之間的舒適，並不應該只有寵溺和甜蜜，更應該有對抗差異的自信，和不能與他人分享的默契。

愛無法戰勝的，相愛一定可以。就像魯彬彬和韓文文在相愛的一千三百多天裡，即使對對方失望了幾百次，也依然在失望中生出新的愛意。

魯彬彬會繼續惹韓文文生氣，韓文文也會繼續和他作對。當差異、矛盾、爭吵和在意、體貼、支持共存了，那大概就是相愛該有的樣子。

在愛情裡，我們本來期待的其實就不是完美，而是能和那個人幸福的在一起。

比悲傷更令人悲傷的是什麼呢？是空歡喜。清桐在內心小鹿亂撞過幾次之後，終於認清了現實，小鹿長大了，走路特別穩。

她慢慢冷靜了下來，開始享受暫時的單身狀態。她把生活調整成自己喜歡的樣子，心無旁鶩的做自己，不再放大自己的想像力，不再讓突然的闖入者打亂原有的心緒，不再因為沒有愛情而死去活來。

用她的話說：「愛情來時，我張開雙臂為它接風洗塵；它不來，我也能一個人優雅的跳舞。」

結果，在沒有任何期待時，那個人出現了。也許沒有那麼帥，但很溫柔。他不會甜言蜜語，也不肯開口說一句「對不起」，但總能在點點滴滴裡感受到他的包容和體貼。而且最重要的是，他每次看向清桐時，總是充滿柔情和愛意。

原來只需融入其中，命運自有安排。

後來清桐跟我說：「其實我最想要戀愛、最想要被某個人拯救的時候，是最不適合戀愛的一段時間。那個時候我總是很怕孤單，想要很多愛，於是很想遇到一個完美的人，他什麼都好，永遠愛我，結果輕易就搞砸了。好像陷入一種惡性循環，因為沒有人愛，就懷疑自己不值得被愛；因為自我懷疑，所以更加不可愛。現在想想，反而是在很好的狀態裡，才更容易遇到喜歡的人。」

不要抱著「我堅信有一個人正翻山越嶺向我走來說愛我」的心態，去對待你的生活。當你把現在的每一天都當作是對未來的鋪墊，那每一天你都活在等待裡。

不管是單身，還是遇到了喜歡的人，都不要放棄自己生活的節奏。喜歡花的時候不必等別人送，可以給自己造一座花園。當你一個人也足夠自洽（按：指悠然自得）和快樂的時候，那所有的遇見都是相逢。

愛情也只是蛋糕上的那顆草莓，有它、沒它，你都應該一樣甜。

三

《小王子》（*Le Petit Prince*）裡說：「如果你說下午四點來，我會從三點就開始感覺很快樂，時間越臨近，我就越感到快樂。到了四點鐘的時候，我就會坐立不安，我發現了幸福的代價，但是如果你隨便什麼時候來，我就不知道在什麼時候準備好迎接你的心情了。」

幸福的代價，可能是快樂的，也可能是：「因為下午四點有約，所以我一整天都做不了任何事情……。」

你有沒有那種公布了什麼東西，就眼巴巴盼著別人回覆的經歷？比如，發了一則自認為很滿意的文章，然後沒事就滑手機，不想錯過別人的即時回覆，然後你就體會到了什麼叫期待落空。

很多事情都是這樣，一旦你投入了過多的關注，你就被這件事綁架了，再也不能從容的面對。

沒有期待的日子，有時反而順順利利，而一旦有了期待，心情就會忽明忽暗。他怎麼還不回覆？我都這麼努力了，怎麼還不加薪？都餓成這樣了，怎麼還不瘦呢……？

人一旦有了期待，就會變成幼稚園裡等人來接的小朋友。

小時候吃一顆糖是開心的，因為從不會期待那是一顆牛奶糖，還是一顆水果糖。

小時候玩捉迷藏是開心的，因為不會認為旁邊跳橡皮筋的比自己更厲害，也不會因為自己被抓住就覺得丟臉。

小時候不會期待既定結果，快樂從不打折。長大後，視野豐富了，想像更多了，為自己製定宏觀計畫、對未來提前準備，成了順其自然的事情，相比於結果是什麼，更在乎結果和期待相差多少。

我們比小時候更不快樂，是因為我們總期待一個和想像百分百契合的結果。

有時不是生活不夠甜，而是它不如你想像的那麼甜。

所以，解決失望和害怕的方法，是停止過度期待。

這家沒來過的飯店雖然味道一般，但是餐具很美；這部電影劇情一言難盡，但是服裝很美；這次健身沒有減重，但是也消耗了卡路里；這條訊息現在沒被回覆，但是說不定等一下就回了……。

少些期待，生活會變得容易許多。

買一件衣服，權衡利弊之後就要坦然一點，就算遇到褪色、起毛球、縮水無法再穿，也沒什麼大不了；選擇和一個人在一起，盡量多了解對方，如果遇到實在無法相處、性格不合、累覺不愛（按：指覺得自己累了，沒有力氣再愛下去），也沒什麼大不了。

當你知道，今天買的不是衣櫃裡最漂亮的那一件，就輕鬆多了；當你明白，今天相愛的人未必一定要走到最後，也輕鬆多了。

我們並不是要做人生的最後一個選擇，我們只是做一個選擇，然後接受它。永遠不要為尚未發生的事糾結。從現在起，不妨允許自己偶遇一些未知，成就一點意外。

對所有事情降低期待，那麼所遇皆是驚喜。

生活沒有那麼糟，就像養了一隻永不愛你的貓，
不愛你的貓偶爾會來蹭蹭你的小腿。
要記住生活中那些好極了、棒呆了、太酷了的瞬間，
在難熬的時候，
用它們來回擊每一個糟透了、弱爆了、太遜了的時刻。

07

哪怕是用白開水煮麵，也要撒一點蔥花

原來，人長大真的會失去很多，
比如失去哄騙自己的能力。

生活就是自己哄自己，
把自己哄開心了，就什麼事都解決了。

討別人歡心只是小聰明，
每天都能討到自己的歡心才算大智慧。

一

我們部門有個小助理，一開始大家都叫她小馬。有一次她的朋友來找她，無意間被我們聽到，朋友叫她「寶莉」，原來是「小馬寶莉」（按：*My Little Pony*，臺灣譯名為《彩虹小馬》）啊。我們拚命捂嘴忍笑，才沒在她朋友面前失禮，從此寶莉這個名字就傳開了。

最近我發現，寶莉經常坐在位子上碎碎念：「好累啊！」、「累死我了！」、「怎麼這麼累呢！」

我確實能夠清晰的感覺到寶莉的疲憊，不是身體的累，是從心底生出的一種倦怠感。每天下班的時候，整個人就像被掏空了一樣，不像從前，下班時間一到，體內過動症因子就自動覺醒，吵著要出去high，現在只聽她說要回家躺平。

有一天我數了數，她一個上午總共說了十一次跟「累」有關的句子。

下午和客戶開會時，她竟然也沒忍住，說了一句：「我真是太累了。」

我剛想伸腿踹她，沒想到客戶也探過頭來，說：「是啊，其實我也滿累的。」彷彿能看見客戶滿臉寫著四個大字：生無可戀。

我默默收回了腿，繼續開會。

客戶走後，我好奇的問她：「每次喊累的時候，妳都在想什麼？」

她愣了一下，回答道：「好像也沒經過腦子，就只是想呼出一口惡氣吧。」

「但我怎麼感覺妳今天一直在『摸魚』呢？」

「是啊，很奇怪啊，明明一天什麼也沒做，但還是會覺得累。」

回想起寶莉剛入職時的狀態，就算加班到很晚，第二天依然能精神抖擻的來上班。而現在，明明沒有之前那麼忙了，工作也更得心應手，反倒時常陷入疲憊。

「有時候我不得不承認自己是一條鹹魚，可能還是一條廢鹹魚，和我一起進公司的小黃，這個月的工資是我的兩倍。」寶莉突然垂頭喪氣起來。

「將薪比薪」是找自己麻煩的捷徑。

寶莉也不能那麼比，小黃是業務部的，收入主要是靠抽成。但不得不說，他現在是業務部的紅人，每個月的業績直線上升。

兩倍的工資確實不是個小數目，這意味著可以租一個更舒服、通勤時間更短的房子，還可以養一隻寶莉心動很久的藍貓，也許還會存下一筆不錯的存款。

寶莉情緒很低落，我就勸她：「妳不能老是看著別人，妳的座標只能是妳自己。」我本來想說「以後都會有的」這樣的話，但後來想想沒有多大的說服力，倒不如認清與接受現狀——你沒有，是因為現在的你確實做不到。

我勸她的時候很會講，輪到自己時也是眼淚流不停，我也很累的。

類似小時候那種，得知第二天要全班一起郊遊，興奮到前一天晚上根本睡不著，全身心都無比期待的事情，實在是越來越少了。反而只有像是得知第二天要團建（按：全名為團隊建設，是公司為了增強員工的向心力和合作精神，而舉行的活動），煩躁到前一天晚上根本睡不著，全身心都無比抗拒的事情越來越多。

媽媽顯然無法理解我的累：「妳天天坐辦公室，累什麼！」就像我小時候說腰疼，她總說：「一個小孩，哪有腰！」

二

和心累相比，身體上的累真的算不上什麼，內耗（按：全名為內部消耗，指因內部糾結而產生的無謂消耗）才真的能把一個人耗死。

感到特別心累的時候，有些人可以從音樂、漫畫、電影等作品中得到某種救贖，有些人則完全不行。從以往的經驗來看，我基本上屬於前者，但後者出現的頻率，隨著年齡的增長變得越來越高。

在生病和疲憊不堪時，無論什麼形式的藝術薰陶，我都難以攝取，只想一味的躺著打滾。

有時候，我覺得自己是一支瓶子，大多數時候是滿的，偶爾只想空著。

有人說成長是人類必經的潰爛，有人說成長是人類必經的陣痛，我倒是想說，成長怎麼那麼倒楣，就沒一點好事嗎？

但是成長也確實會改變一個人，甚至會讓人變得很奇怪，比如淚點。

小時候會因為難過而號啕大哭，長大後不會。越長大，越不會因為難過哭出聲來。

遇到很大的困難時，就算想哭，心裡也明白，哭鬧浪費時間，逃避不了問題，早晚要硬著頭皮解決。所以困難越大，就越是咬緊牙關，常常忙到不可開交，哪還有時間鬧情緒啊，回家倒頭就睡了。

反而是在一些小事上瞬間變成淚失禁體質，看到陌生人溫暖互助的瞬間，會因此開心和熱淚盈眶；看到野鴨媽媽帶著寶寶過河，會因美好而偷偷擦眼淚；收到朋友突如其來的問候，心裡會突然一軟，塌下去一塊，由此而哭出聲。

可能是因為困難時總是讓人無暇顧及美好，等到終於有了喘息的瞬間，才會那麼容易動容。

現在也會藉由一些小事而哭。走在路上忽然摔了一跤，或者不小心打翻了剛買的水果茶……平時可能說著「啊，搞砸了」就當笑話一樣過去的小事，但是現在卻忍不住眼淚撲撲簌簌的流下來，甚至像孩子一樣崩潰大哭。

越長大，淚點越是奇怪。

你看到我因為一朵烏雲而哭，但其實讓我哭出來的，不僅僅是那片烏雲而已，還有昨天撞疼的小腳趾，前天差一分鐘打卡的懊惱，以及無數個自己深感無力的瞬間。

成年人所謂的鬱悶，就是靈魂失去了哄騙自己的能力。

每個年輕人的成長，都將經歷這一步，在成長中，逐漸失去對生活的熱情，失去這個世界上最寶貴的好奇能力，歸於鬱悶，歸於喪氣。

那些隱匿的、置之不理的、假裝沒事的情緒，都會在某一刻達到頂點，滿了，你就再也無法欺騙自己了。

三

之後，我和寶莉重新回顧了一下我們的生活狀態。發現：我們似乎陷入惡性循環裡。

不斷的內耗自己，上班、工作、下班、打電動、追劇、睡覺……看似很有規律，實則是缺乏驚喜的機械化模式。

內耗比內卷（按：形容競爭壓力過大的狀態）更可怕，內卷是關於人與人之間的競爭，但內耗更像是一個人和自己的鬥爭，不用等別人動手，自己就把自己消耗殆盡了。

生活是需要喚醒的。

正如美國小說《夏日十字路口》（*Summer Crossing*）裡說的：「換另一種牌子的香煙也好，搬到一個新地方去住也好，訂閱別的報紙也好，墜入愛河又脫身出來也好……我們一直以或輕浮、或深沉的方式，來對抗日常生活中，那無法消釋的乏味成分。」

世界運行的規律是變化，汽車會生鏽，書頁會發黃，技術會過時，但毛毛蟲會變蝴蝶，黑夜會變白晝，抑鬱也會消散。

於是，我們決定進行一場先鋒性和實驗性的改變，每天做一點不同的事，來對抗那些鬱悶的時刻。

改變沒有限制，換一條下班路線、戴一個新耳環、嘗一杯新出的奶茶、捉弄一下我們上司秋玟（瞎說的，不敢）……只要是沒做過的嘗試，都可以。

寶莉選擇不讓自己困在一些小懊惱裡。

以前，她會因為檸檬茶灑在白裙子上；外賣湯底漏了一半；餅乾屑掉進鍵盤裡；走出房門撞到門框；在捷運上睡過頭……而責怪自己不斷搞砸每件事，並得出結論：我就是一個很糟糕的人。也因此，她總是很暴躁。

總是用很小的挫敗，去給自己貼上「我很糟糕」的標籤。原來人長大，真的會失去很多，比如失去哄騙自己的能力。

決心改變之後，她告訴自己：這些小挫敗，只是生活長河裡激蕩起的小浪花，它們並不代表我就是一個糟糕的人。我是誰啊？自言自語六級；心裡話八級；花式單身大賽賽區冠軍；熬夜杯曾九次奪冠，這麼厲害的我，哪裡糟糕了！

而我，每週一固定瀏覽星座一週運勢，然後把會發生好事的日子標記在日曆上。

我也沒有那麼相信星座，只是希望有個人能信誓旦旦的把好運告訴我，讓我可以在週一就提前預支還沒降臨的快樂。就像小時候，外公總是摸著我的後腦杓對我媽說：

「這個小傢伙，腦袋裡有兩臺機器在運作，不是一般人！」而我媽每次都很高興，到現在還相信我的頭這麼大不是沒有原因的。

「願望說出來就會不靈」的想法，導致我們不敢相信，命運的好結果會直接發生，要仰仗於他人之口說出來，才能讓自己信服。

人類脆弱得要命，又強韌得要死，所以大家嘴巴都甜一點。你不經意的一句誇獎，就可能讓一個人挺過無望的日子，這種事情每天都在發生呢。

昨天下班，寶莉拉著我就要往外走。

「別做了，走啊！」還不小心扯掉我的一根頭髮，這下好了，「薇薇安」被扯掉了，我恨她！

「妳是不是瘋了啊？要造反啊？」

「不是，到下班時間了，出去逛街，然後大吃一頓慰勞慰勞自己，再仰天大笑回家睡覺。」

我一邊收拾東西，一邊問她：「怎麼了，想通了？」

「是啊，快樂也是一天，難過也是一天，我為什麼不選擇快樂呢？我要永遠年輕，永遠躁動起來。」

這才是我認識的小馬寶莉啊！

如果說一切生活最終都會指向倦怠，那或許該做的不是解決倦怠的生活，而是解決生活的倦怠。

每次遇到不好的事情，不妨留意一下最近的生活有沒有小驚喜，要刻意引導自己，讓自己相信這世界上會有「因禍得福」的事情發生。

很多時候，就是需要適當的自我欺騙來維持好心情，如果你現在不開心，就當是為明天的好運儲備吧。

人是真的會變好的，只要你相信自己會變好。

朋友們，如果可以的話，嘗試一些小變化吧，然後一點點推進，看著自己在一天天變好的那種感覺，真的好好啊。

改變形象氣質、改變相處方式、改變思維想法……改變本身就是對乏味的宣戰，每一個在秩序中稍作改變的人，都值得致敬。

哪怕是用白開水煮麵，也要撒一點蔥花，就像與平庸的生活正面交鋒。

一切都還來得及，每一天都讓自己變好一點點。把生活的控制權抓在自己手裡吧，喜歡什麼樣的生活，想要成為什麼樣的人，就從此時此刻做起。

四

生活就是自己哄自己，把自己哄開心了，就什麼事都解決了。

要多多使用精神勝利法，沒事就多犒賞自己，否則這日子怎麼熬得下去啊。

江小小就是典型的易犒賞體質，什麼意思呢？就是有事沒事就對自己進行封賞，有時候甚至厚顏無恥的用「雖然我今天什麼也沒有做，但還是辛苦我了」來獎勵自己。

前兩天她告訴我：「我用兩天做完了一個簡報檔案，截止目前為止，根據不完全統計，我已經獎勵自己手機殼兩個、褲子一條、氣泡水五瓶、啤酒一箱、咖啡無數杯。」

為了犒賞自己，江小小到底能想出多少個奇妙理由？

「今天的總熱量沒超標，還可以吃好幾口。」

「每天都要跟自己說：你辛苦了。」

「狗子江亂跳的生日到了，買個蛋糕犒賞努力『鏟屎』的自己。」

「今天健身效果不錯啊，獎勵自己一頓火鍋吧。」

「跑步經過烤肉攤，忍住了沒吃，第二天犒賞自己一塊起司蛋糕。」

「做人最重要的是開心，別看我很窮，我掌握了一百種犒賞自己的辦法。」

……

慰勞不分大小，都是給自己累積期待和信心的過程。

在生活的巨大壓力和高強度的工作下，允許自己喝一杯奶茶、從購物車裡選一件想要的東西下單，或者乾脆坐著發呆，每一件毫不費力的事都會成為一種犒賞，無論是對身體還是對心靈。

「易犒賞體質」不能和「不想努力」畫上等號，我始終相信，當你做一件事，痛苦大於成就感，那你恰恰需要「動機十分不純、目標非常容易達成、對自己評價高到離譜、進度管理適度寬鬆、努力追求樂趣」這種愉悅方式。

人生是一場漫長的自娛自樂。討別人歡心只是小聰明，每天都能討到自己的歡心才算大智慧。

炎熱的午後，我一覺醒來，口渴難耐，含了一根冰棒在嘴裡，邊吃邊在窗前看風景，當時心中只有一個念頭：我正過著一覺睡醒就能吃冰棒的生活。天哪，我是五歲的自己的英雄，怎麼搞的，真是了不起啊，你這傢伙。

世界上就是有人討厭香菜，不喜歡桃子，不愛喝汽水。
對他們而言，優秀的香菜和差勁的香菜，
甜美的桃子和爛掉的桃子，都是一樣的。

有人不喜歡你也很正常，
因為喜歡和「你有多好」本來就沒有關係。
你要去認識喜歡你的朋友，去愛不會讓你流淚的人，
去自己想去的遠方，去完成心儀的夢想，
去成為最想成為的自己。

08

為什麼我們都是雙下巴？因為一個下巴太孤單

「對方正在輸入」的快樂，並不單單是因為秒回，
而是你感覺對方十分想和你聊天，也十分在意你的情緒；
是你知道對方對你感興趣，想要瘋狂的跟你交流；
是不再害怕分享的心情被錯付；是被認真愛著的感覺真好啊。

好的愛情，大概就是明知單身真的很爽，
但如果是你，我甘願墜入愛河。

一

公司裡新鮮出爐一對「伉儷」——嘔吐組合。

他們一個姓歐陽、一個叫歐拉，簡稱嘔吐（O2）組合，不是我們故意諷刺他們，實在是因為他們在一起後，常常讓人甜到掉牙，炒菜都不用放油。

最著名的一個事蹟是：

中午在食堂吃飯，本來一桌人吃得好好的。

歐拉突然跟歐陽說：「醫生說我溼氣太重了，需要一樣東西。」

「妳成天喝冰的，當然溼氣重，那醫生怎麼說？」

「醫生說，溼氣重，需要親熱解毒。」

嘔，我們一桌人直接被「噁心」到換一桌繼續吃，這可真受不了啊。

歐陽超級愛玩、愛鬧，真實上演什麼是「男人至死是少年」（按：形容男人永遠不可能成熟）。

每天都興高采烈的在生活裡玩一些小花樣。週末的時候，他會帶著歐拉去爬山、去抓蝴蝶、去看海。在海邊時，會樂此不疲的在沙裡挖各種貝類，還在沙灘上築起沙堡，說是魔仙堡。

他還常常出人意料，有一次，他對歐拉說：「妳知道嗎？我總是習慣在枕頭底下藏一把刀。」

歐拉很警惕，「你要幹嗎？」

歐陽一臉壞笑的說：「以防妳突然送我一塊蛋糕。」

甜膩到吃飯根本不用點甜品。

其實歐拉本來是文靜甚至有點宅的人，怎麼和歐陽在一起之後就「不正常」了呢？開會時，會肆無忌憚的和歐陽隔空比心，完全當我們都是透明的。

戀愛真的會給一個人帶來很大的改變，如果是好的改變，有什麼不可以呢？

二

我們的好奇心隨著兩人的甜膩程度逐漸上升，很快，機會來了。

這天，公司幾個部門聯合團建。女子組坐纜車上山，男子組搬東西步行上山。而同事「大侄子」（按：作者公司老闆的侄子）作為「皇親國戚」，自然也跟著坐纜車。

坐在纜車上，我們開啟「逼供」模式，瘋狂八卦他們的二三事。

為什麼在一起之後，變化那麼大？

歐拉喜孜孜的說：「大嗎？只是廢話變多了。我記得有一次，我的手被門夾到了，破了皮，其實一個OK繃就能搞定。但是當時理智全部消失，立刻把這個小疼痛告訴他，等著他說一句安慰的話。」

日劇《四重奏》裡說：「告白是小孩子做的，成年人請直接勾引，基本上來說是三種套路。變成貓，變成老虎，變成被淋溼的狗狗。」果然戀愛中的人就像一隻可憐兮兮的小狗，想要被喜歡的人摸摸頭。

「大侄子」聽得入迷，不停的說：「多說點，多說點，甜死我算了。」

「但為什麼是歐陽？」寶莉總是急性子。

歐拉想了想說：「大概是他總能讓我體會到『對方正在輸入』的快樂吧。」

歐拉繼續說：「你們知道嗎？微信『對方正在輸入』的提示，只有對方在收到訊息的十秒內打開對話方塊，並且馬上把文字輸入到對話方塊裡，你才會收到『對方正在輸入』的提示。」

真的假的？我們趕緊打開手機試了一下，還真的是這樣。

原來啊，超過十秒就會被認定為不重視這段回覆，所以不會顯示這個狀態，避免接收方不必要的興奮度。果然官方設定最為致命。

和歐陽在一起後，什麼都想跟他分享，而大多數時候，她都會看到「對方正在輸入」的提示。

「今天的夕陽好漂亮，真想和你一起看，可惜你在加班。」

對方正在輸入……

「我在窗戶上看到了，妳有沒有看到一朵像兔子的雲？我傳給妳了，是不是很像？」

「今天員工餐廳的菜都太鹹了，幸虧你沒在公司吃。」

對方正在輸入……

「剛才和客戶去的那家餐廳很不錯，下次我們一起去吧。他們有一款汽水，和小時候的味道一樣，一下子就把我拉回十幾歲的時候，妳都不知道，那個時候我多蠢多笨……外帶了一杯奶茶給妳，等我。」

「我剛才看到吵吵鬧鬧二人組又槓上了，就在人事部那條走道，你可別過去。」

對方正在輸入……

「嚇死！趕快有多遠跑多遠。」

「好睏喔，我等下如果睡著了沒回你，不用擔心。」

對方正在輸入……

「妳呀，睏了就睡，不睏我陪妳，妳醒了就傳訊息給我，我醒了就回妳，雖然事情總要分先後，但是妳先，全世界後。」

網易雲音樂（按：中國網易公司推出的雲端音樂平臺）熱評有一句話：「那天我在街上看到一棵奇形怪狀的榕樹，第一反應竟是拍下來給你看，我就知道我完了。」

真的一點都沒說錯。

歐拉還沉浸在快樂中，「每次看到『對方正在輸入』，真的會難掩內心的竊喜，對我來說，最幸福的事，就是我說了一大堆廢話，他沒有不耐煩，還願意順著我的話繼續說下去。」

說真的，這種快速你來我往的聊天模式真的太讓人上癮了。當「對方正在輸入」這六個字出現時，似乎已經看到螢幕那一頭小心謹慎的樣子了，有強烈的表達欲，但又在寫完之後刪掉幾行，然後再寫上幾句，反反覆覆，每一次聊天都有著考試交卷般的認真。

安全感就會從心底慢慢湧上來，誰能拒絕這種傾訴欲被對方穩穩托住的感覺呢？

人類的本質是雙標：

當你十小時沒回別人訊息：人不可能二十四小時都拿著手機啊。

當別人十分鐘沒回你訊息：他們一定是討厭我，我一定要查出原因。

我一直認為，現代人的傾訴欲是有時限的。

比如，我昨天很想說：路過了一家花店、貓吃了半個罐頭、發現了一款好喝的飲料、剛看的電影還不錯、夜跑多跑了二十分鐘……很多亂七八糟的東西，一直找不到機會說。

如果今天有人問我：你昨天想說什麼？

我會說：都是些無關緊要的事情罷了。其實是因為，那種急切想和對方分享的心情早就沒了。

「對方正在輸入」的快樂，並不單單是因為秒回，而是你感覺對方十分想和你聊天，也十分在意你的情緒；是你知道對方對你感興趣，瘋狂的想要跟你交流；是不再害怕分享的心情被錯付；是被認真愛著的感覺真好啊。

聊天有很多種形式，但是對方是以什麼樣的心情在跟你聊天，才是最重要的。

浪漫不一定是煙火綻放的那一刻，不一定是走過萬水千山只為見一面，不一定是風花雪月。浪漫也可以是我跟你分享的每一個點滴，是日常生活中那一朵好看的雲，那一場午後時分的小雨。

我跟你說想看看你那邊的海，不是因為我沒看過海，不是因為你拍下來的照片有多好看，是因為我想要你也跟我一樣，把你所看到的事物滿懷期待的，踮起腳尖，輕輕柔柔的送進我懷裡。

如果不是因為「想把這些美好分享出去」，可能日後回憶起來，會覺得一切都平淡無奇、乏善可陳。而「分享給別人」這件事本身，也會讓人發現很多生活中可愛又浪漫的時刻。

愛對了人，每個人都是話癆（按：話多的人，嘲諷的說法）。

日本作家石田衣良在《十六歲》（*6TEEN*）中寫道：「有個能陪我聊聊天的人，比看電視吃飯更重要。比如今天天氣不錯，我就能對她說，天氣不錯啊。如果天冷了，我就讓她添件衣服。」

言語的力量有限，但我會竭盡所能接住你的話題。我幫不上你什麼忙，但哪怕只是說說話，也是好的。

因為是你，所有的文字都變成了金句，連流逝的時間和無聊的廢話，也都成為戀愛的紀念品。

兩個人彼此不厭煩，一直有話說，那可真是最高級的浪漫。

三

戀愛的本質，有時候就是把一切簡單的事情複雜化。

本來你可以快速決定看哪部電影，然後只需走進電影院，現在不僅要考慮兩人的喜好，還要等另一個人上廁所。

本來你可以洗完澡馬上睡覺，但現在要等一個人的晚安，要躺在床上聊幾小時，才捨得關燈。

本來你可以隨隨便便吃一頓晚餐，但是因為對方的出現，你精心化了兩小時的妝，還提前兩天緊張的預訂餐廳的觀景位。

但正是這些「多出來」的部分，才讓你體會到戀愛的快樂。這種快樂是新鮮的、前所未有的、被你們徒手創造出來的。

這也從反面證明了，如果一個人的出現對你生活做出的改變是減法，那你就要考慮他存在的價值了。

你本來可以一個人開開心心去看電影，因為他的爽約，你不但沒看成電影，還生了一肚子悶氣。

你本來可以洗完澡馬上上床睡覺，因為沒等到他的回覆，失眠到天亮。

你本來可以隨便吃一頓晚餐，卻因為不斷遷就他的口味，而讓自己喪失了食欲。

這樣的感情就是完完全全逆向行駛，有害身心健康。

愛情，雙向奔赴才有意義。

不要愛那種把生活變單調的人，要愛那種把生活變得豐富的人。

四

愛對了人，生活的熱度會往上走。

有一種玄學：在幸福的愛情裡，如果一個人變胖，那麼對方很快就會跟著變胖。

那天在山頂，我們三三兩兩圍在一起吃飯——我、瑤瑤、寶莉和「大侄子」。「嘔吐組合」坐在旁邊，歐拉帶了自製的飯糰。有一縷陽光透過樹枝，灑在他們臉上，兩個人都眯著眼睛，一邊吃，一邊不知道在樂什麼。兩張臉蛋分明有了圓潤的弧度。

我小聲說：「你們有沒有發現，他們在悄悄變胖？」

寶莉說：「他們中午經常自己帶便當，看來帶便當真的不健康。」

「什麼啊，妳怎麼這麼不會說話，人家這是出現讓人羨慕的幸福肥。」瑤瑤趕緊制止寶莉破壞她的小美好。

「還讓人羨慕，讓妳肥，妳要嗎？」

瑤瑤白了她一眼，不打算理她。

「大侄子」屁顛屁顛（按：指態度卑微討好）跑過去，伸手拿了一個飯糰塞進嘴裡，指著我們說：「那邊那幾個人說你們變胖了，我幫你們吃一點吧。」

這說的是什麼話！

歐拉低頭擠出雙下巴，問歐陽：「我很胖？」

「確實是，也更可愛了。」歐陽學她，也擠出雙下巴。

歐拉說：「為什麼我們都是雙下巴呢？」

歐陽說：「因為一個下巴太孤單了。」

當別的情侶已經習慣了日復一日的麻木，他們還在互相玩鬧打鬥，持續給對方製造驚喜。

與其說他們誰改變了誰，誰拯救了誰，還不如說他們一起牽手變回小朋友，可以不用長大，不用察言觀色，不用委曲求全，可以任性，可以做自己，攜手一起對抗無趣。

好的愛情，大概就是明知單身真的很爽，但如果是你，我甘願墜入愛河。

像聰明人一樣生活，像傻子一樣相愛。我們用添飯來表達對方煮的菜好吃，就算一起發胖，也甘之如飴。

09

晚安，
讓我們進入官方指定逃避時間

我們靠夜不能寐，做時光的竊賊。

年紀大了，怎麼才能再次體會怦然心動的感覺？
就是熬夜後第二天的心悸。

放下你的手機，讓手機「自己睡」，它也到了和大人分開睡的年齡了；
放下你的千頭萬緒，把睡眠還給夜晚，讓靈魂回到床上。

早起是生活所需，但早睡為什麼這麼難！

熬夜的人大概分兩種，一種是能睡但不想睡，另一種是想睡但不能睡。前者覺得熬夜很幸福，後者覺得熬夜很無奈。

我偶爾是後者，有時候工作不允許你早睡，但大多時候我是前者。沒有特殊原因，就是想等一等再睡，在等什麼，我也不知道。所以，我一度懷疑自己上輩子是一盞路燈。

我太喜歡晚上了，一個人躺在床上，安安靜靜玩手機的感覺太美妙了。雖然熬夜對身體不好，但是一天二十四小時裡，除了睡覺，就只有睡前這幾小時是完全屬於自己的，在這幾小時裡，我甩掉了白天人群帶給我的疲憊感，心裡感到無比的輕鬆愉快。

我不是不想睡，我是捨不得睡。

而且下班回家後的時間就像黑洞一樣，好像只是把該做的事做完，比如吃飯、洗衣服、運動、敷面膜，然後就到了公認的「熬夜」時間，但明明沒做什麼特別的事。

如果想娛樂一下，時間就更緊繃了，追劇、追綜藝、打電動、上網、看影片……。

最慘的是，當你下定決心早睡，生理時鐘就會準時來搗亂。之前你對睡眠多麼漫不經心，現在失眠對你的報復就有多狠。你翻來覆去，輾轉難眠，就像一本躺著的《十萬個為什麼》和一個科幻作家。然後反覆起床去廁所，最後，寧可主動熬夜，也不想被動失眠。

擁有「強大的腸胃」和「隨時隨地入睡」這兩個本領，真的超級逆天，簡直是一種本錢。

由於長時間處於熬夜狀態，我每天早晨起來都昏昏沉沉，工作完全不進入狀況，感覺一整晚都白睡了，又睏又累；還經常呼吸困難，深呼吸更是一種折磨。就算週末兩天都用來補眠，也感覺補不回來。

即使用再貴的眼霜也遮不住大大的黑眼圈；脫髮也非常嚴重，枕頭上、床單上、地板上、梳子上、鍵盤上……。

我的頭髮越來越少，昨天我的「維多利亞」掉了。都說脫貧（按：擺脫貧困）比脫單（按：脫離單身）更重要，如果用脫髮來換，兩者皆可拋。

最讓我無法忍受的是記憶力變差。有一次和同事八卦娛樂圈最近的大事，平常一提到哪個明星的名字，我都是張口就來（按：指沒有準備，想說就說），那天竟然一點印象都沒有，最後非常無語的上網查了。

即便如此，我也沒太當一回事，直到接連一個星期都是一點多才睡，有一天早上起來準備洗臉，一站起來兩眼一黑，耳朵也嗡嗡作響，腦袋又暈又痛，心臟「怦怦怦」亂跳，過了幾分鐘才逐漸恢復正常。

年紀大了，怎麼才能再次體會怦然心動的感覺？就是熬夜後第二天的心悸。

當時真的怕了，以前看過的各種猝死新聞不停從眼前閃過。年輕人A因為熬夜被送進醫院，年輕人B因熬夜心臟痛……熬夜有五大危害、六大致病誘因、七大傷神信號、八大後遺症……。

再一次下定決心不熬夜了，但也只堅持了幾天，然後帶著恐懼、罪惡感、大道理和健康常識，繼續熬下一個夜。

就在我沉浸在熬夜中不能自拔時，接到了朋友李可怡的電話。她在自家社區門口暈倒，被警衛送到醫院。

我趕去醫院，她剛做完心電圖、抽血、測血氧含量……各項檢查。看她能走能動，我才放下心來。

我問她：「怎麼會突然暈倒呢？」

李可怡可憐兮兮的說：「醫生說是熬夜熬的。」

「天哪，妳熬夜都熬到醫院了，這麼嚴重啊！」

「真的不能再熬了，窒息的感覺太可怕了！我當時完全不能呼吸，頭暈到根本站不住，現在還感覺全身麻麻的。」

我見她臉色蠟黃，又聯想起自己之前的糟糕體驗，也跟著後怕（按：指事後還覺得恐懼）。

所有的突然暈倒，所有的「禿」如其來，其實一點都不突然，只是我們沉浸在一直熬夜、一直爽的感受中，忘了身體是有極限的。

二

在白天，我們關注養生新聞，了解人體極限，貪生怕死；到夜晚，我們在追劇中變成墮落天使，在遊戲中視死如歸。

不想睡的人，把熬夜視為小小的抵抗，獲得短暫的自由；不能睡的人，以熬夜作為謀生的方式，獲得那口「飯錢」。

每個人似乎都有自己「不得不熬夜」的理由，我們潛伏在夜裡，用自己的方式結束一天。

某個月黑風高的夜晚，我和清桐在網路上互道晚安後，自己在上網。「晚安」這個詞好像漸漸變成了一種禮貌。睡不睡誰知道呢，反正話題是終止了。

而我的「晚安」就是一個電燈開關，輕輕一按，卡一聲熄滅了整個城市的燈，然後屬於我的生活才真正到來。

後來翻到清桐的朋友圈（按：中國即時通訊軟體微信的社交功能，使用者可以發布貼文，和查看好友的貼文，類似於臉書），很自然的去給她按讚。

結果被質問：為什麼沒睡？

這下尷尬了，但我靈機一動，想到那個萬能句子。

我回覆她：「晚安」的意思不是真的要睡了，而是我已經打烊，不對外營業了。此時本人已經開啟勿擾模式，切斷社交管道，開啟網路獨處時光。如果我們凌晨一點在朋友圈相遇，彼此要看破不說破，不要打招呼，就當我在夢遊，好嗎？

清桐回覆：有理有據，無法反駁。

然後我反問她：妳怎麼不睡？

她說：不想睡，不甘心今天就這樣沒了。

恐怕，真正不甘心的，是這一天沒能按照自己的預期好好過吧。即使我們知道，早睡一小時也不會錯過什麼重要消息。

有一句話說得非常好：「等全世界都睡了的時候，成年人才真正開始自己的生活。」**為什麼大家越來越喜歡熬夜？因為我們白天都在做別人喜歡的人，只有到了晚上才能做回自己。**

黑夜是我們的充電座，正是靠著這些自我放逐的夜晚，才能做到每一天太陽都照常升起。

我們靠夜不能寐，做時光的竊賊。

在這段私享時間裡，整個世界都靜下來了，沒有人對你抱有期待，你也不會辜負誰的期待。這個偷來的美妙時光，把一切傷害和焦慮都擋在外面，可以隨意放鬆情緒，可以做任何無聊的事情，平靜安寧，不用承受罪惡感。

至於熬夜對身心的危害，比起馬上要面對明天的恐懼和焦慮，根本不值一提。

讓人真正上癮的不是夜晚，而是從終於結束的今天，和即將到來的明天之間，偷出來的那一點自由。

熬夜雖然傷身，但卻神奇般的能讓人變回真正的自己。夜晚花時間舔拭傷口，然後信誓旦旦說明天一定要早起的熱血青年。只有在深夜時，才有想要改變自己生活的衝動，白天起來後，我們又不在乎了。

熬夜的快感，是失去時間後的渴望擁有；是效率不高，卻能在夜晚安慰自己沒事、明天繼續的決心；是不管別人如何勸說，都不能從命的執著與信仰；是終於能夠主導時間，而不用被生活和工作支配的自由與焦慮。

說白了，就是想找到某種「掌控感」，我們想要透過掌控一些事情，比如「想睡就睡，想熬夜就熬夜」，來緩解這種負面體驗。

但這種掌控感實際上沒什麼用，看似是掌控，其實是順從。熬夜有什麼難的，不睡就好了，但問題並沒有解決，永遠是拖到明天和以後。

三

熬夜是因為沒有勇氣結束這一天，賴床是因為沒有勇氣開始這一天。究其原因，說明你的內心缺少一份篤定。

一個內心篤定的人，不會靠熬夜去透支時間來填補空虛。何況熬夜還透支你的身體，不管是娛樂消遣，還是拚事業，拿健康去交換，總歸是不值得。

不是拚命壓榨自己，讓自己活得很累，就會擁有更多的時間；不是把生活安排得滿滿的，連半夜都不放過，就是積極向上。

真正熱愛生活的人，知道要讓生活有喘息的空間，知道要先愛自己，才能去愛其他。

喜歡熬夜的人，可能是因為白天或念書、或工作，缺少個人時間。一到晚上，或是聚在一起吃宵夜、喝酒，或是一個人追劇、上網，每件事聽起來都比早早上床睡覺更有吸引力。而且還會覺得早睡的人簡直是浪費了大好生命，在別人睡著的時候工作或遊戲，就覺得這段時間像是平白無故多出來的一樣，彷彿自己賺到了一般。

但是看看那些作息規律的人，因為睡眠充足，面色紅潤，精力充沛，甚至勝過了護膚品和保健品的功效，工作時思維敏捷、效率高、心情好。究竟是誰賺到了呢？

當你看過早上六、七點鐘的太陽，就不會驚豔於凌晨幾點的月亮有多美。

要說以後就徹底告別熬夜，那又太絕對了。熬夜之所以有快感，是因為這種行為不適合長久進行，長期熬夜真的會死人，但偶爾熬一次、兩次，也不是不可以。

熬夜，有時候也是緩解壓力的一種方式。爸媽睡了，老闆睡了，老師睡了，競爭對手睡了，全世界都睡了。你用這好不容易偷來的時光，趕緊做點自己喜歡的事。

神創造了人類，擔心他們無法長久的面對生活，於是又設定了睡眠。睡眠的魔力就在於讓我們更早、更輕鬆的從日常焦慮感中解脫出來。

英國劇作家蕭伯納（George Bernard Shaw）給還在熬夜的人一句忠告：「未來取決於『夢』想，所以趕快睡覺去。」

放下你的手機，讓手機「自己睡」，它也到了和大人分開睡的年齡了；放下你的千頭萬緒，把睡眠還給夜晚，讓靈魂回到床上。

能好好睡覺的人，才足以談生活。當你明白，睡眠是一種回報，而不是懲罰時，你就真的長大了。

晚安吧，讓我們進入官方指定逃避時間。

要做一個又酷又溫柔的人：
對一切美好的人和事輕柔和善，
對一切不值得的垃圾冷酷無情。
在最快樂的年紀活得精彩且迷人。

10
我超好，我超棒，請念十遍

「愛自己」對很多人來說，實在是做得很差的一件事。

如果你因為無法接受自己的不完美而不開心，
去照一照鏡子，這樣跟自己說：
鏡子裡的小可愛是這個世界上獨一無二的，
光憑這一點，我就真的太愛她了。

從現在開始，放下「我不好」、「我不配」、「我不值得」的想法，
要多跟自己說「我很好」、「我值得」、「我超配」。

一

試問，各位，哪一位不是在「被比較」中長大的？

當你還是小孩時：

「你看隔壁小紅，又聽話，成績又好。」

「你可以學學你班上那個小蘭嗎？讓我少操點心。」

「你要是有小飛一半懂事，我就阿彌陀佛了。」

當你成功熬成一個大人時：

「你看李叔叔的小孩，一畢業就去大公司上班了。」

「你看你同齡的麗麗，人家孩子都會幫忙做家事了。」

「你看小紅多溫柔啊，再看看你。」

「被比較」成了一種宿命，無論是成績、長相、性格、學歷、工作還是人生選擇，都可以拿來比一比。

比如，「我喜歡妳，妳像我前女友一樣溫柔」。你感受一下，這是在誇你，還是什麼意思？我是覺得想打人。

內心強大的人被比較了，就左耳進、右耳出，完全不在乎；而敏感自卑的人，很可能用一生來實踐一個預言：我是一個很差勁的人。

朋友茜茜就是一個很敏感的人，還超級沒有安全感，常常覺得自己不太行。看到別人在大庭廣眾之下侃侃而談，會羡慕不已，然後對自己結結巴巴的發言無限自責；看到別人走路都能帶風，一想到自己總是被小石子硌了腳就特別懊惱；好像別人什麼都好，自己什麼都差一點。

敏感到什麼程度呢？公司年會抽獎，抽到的人要上臺說兩句感言，為了避免這種事情發生，她會在別人都期盼著中獎時，心裡默默祈禱：千萬別讓我抽到 iPad、手機、帶薪五日遊……。

最讓她崩潰的還不是事情發生的當時，而是之後的幾天，她會反覆回想當時的細枝末節，比如，顫抖的聲音和雙手、某句話邏輯混亂了、表情太僵硬了、走下臺的時候好像同手同腳了……明知道全世界只有自己記得，但就是忍不住回想自己的窘態：為什麼我會那樣？怎麼就不能像那個誰那麼自然呢……？

總是揪著自己的小瑕疵不放，每次想到過去的蠢事，就覺得自己的人生完蛋了。

哪怕她人緣不錯，經常被人稱讚，但她眼裡只有一個小心翼翼的自己。

去一家餐廳吃飯，就算菜不好吃，她也會在服務生過來問時，說「很好吃，我很滿意」；和不熟的人聊天，早就想掉頭走人了，卻還是說服自己面帶微笑繼續迎合；理髮師剪了一個奇醜的髮型，問她好不好看，她嘴上說著滿意滿意，默默把眼淚流進心裡。

如果發現別人突然很冷淡，立即懷疑是不是自己做錯了什麼，然後去找尋「是不是得罪他了」的線索。

朋友讓她幫一個很麻煩的忙，好不容易鼓起勇氣拒絕，隨之而來的是心裡湧上「罪惡感」，再見這個朋友就只剩愧疚。

非常在意別人的評價，別人的幾句評論，就能立刻讓她質疑自己：我到底怎麼了，為什麼別人會這麼討厭我呢？

二

連和朋友相處，也常常會為了「我是不是你最好的朋友」、「我是不是你唯一的朋友」，或者「我約了你三次，你卻沒找過我一次，是煩（按：指嫌棄或覺得麻煩）我嗎？」這樣無厘頭的小事情緒低落。

她談過幾場戀愛，幾乎無一例外都因自己的小題大做而分手。而這些頻繁的失去又加重了她的疑心，即便是聚會時大家聊到一個她不了解的話題，她也要落淚：你們是不是都不喜歡我了，我是不是多餘的……。

怎麼說呢，畢竟這種性格不討喜，再濃厚的情誼也抵不過一次又一次的抱怨和懷疑。後來聚會時，大家就開始有意無意的避開她。

就這樣了吧，所有人都以為她這一生就這樣了。

後來她又談了一場戀愛，聽別人說，男友常常把她的好掛在嘴邊，今天誇她溫柔大度，明天說她獨立堅強，感覺就像「情人眼裡出西施」。

我再次見到茜茜時，差不多是一年之後，她跟男友已經開始論及婚嫁了，兩人手挽著手走在街上，看到我老遠就熱情的招手：「好久不見啊，一起喝杯咖啡吧？」一半為了敘舊，一半出於八卦，我們去了一家飲品店。她男友張羅著幫我們點餐、拿甜點，她坐在那裡笑嘻嘻的看著他跑前跑後。

我滿驚訝的，她以前都不願意介紹朋友和男友給我們認識，偶爾在一起吃飯，但凡男友對哪個女孩笑一笑，她立刻就會投來哀戚的眼神：「你是不是不喜歡我了？」認識這麼久，第一次看到她如此大方和爽朗，渾身散發著自信與平靜。

於是我開始打聽他們的戀愛史，她絲毫沒有秀恩愛的欲望，只簡單的說幾句兩個人相識的過程，就羞澀的低下頭。

她男友坐在一旁，看她時滿眼都是寵溺，輕輕撫摸她的手背：「這是我的茜茜公主，每個地方都好。」

那一瞬間我明白了她的改變，他堅定的愛意像是她的保護罩，讓她第一次知道，有人懂她的敏感，願意給予她溫柔的呵護；有人能看透她的偽裝，願意擁抱她的脆弱。當她的好與壞通通被他接納，她就不再多想了，只想做他眼中最可愛的那個人。

有的人喜歡你，是因為你漂亮、你好看，會說好聽的話，有趣、好玩、多功能，這些喜歡都暗含著很多期望；而有的人喜歡你，是看見你哭和狼狽，知道你辛苦和不易，允許你不美又不乖，還想把肩膀和糖果都塞給你。

一個人最好的樣子，有時候是被寵愛出來的。

愛是一種能力，大大方方的愛一個人，有勇氣去表達愛，是一件很厲害的事。其實反過來，被愛的那個人，能坦然被愛也是一種能力。

那些只能付出愛，卻無法坦然接受愛的人，其實是找不到除此之外、另一種感知自己價值的方式。他們價值的展現，變成了以無限付出來獲得他人的認可，其實就是覺得自己不配得到這些。

你這麼棒的一個人，凡事要少在自己身上找原因，不要把自己的自信建立在別人的認可上。

大大方方去愛，也要大大方方被愛。不因為其他，只因為你值得。

你值得被愛，你值得一切美好。

三

我們常常焦慮，而這種焦慮又很容易掃向自身，例如焦慮身材、焦慮容貌、焦慮性格、焦慮和別人的關係……。

「愛自己」對很多人來說，實在是做得很差的一件事。

尤其是在真正認識自己之後，很多人往往會經歷失望：啊，原來我是這個樣子的，眼睛那麼小，鼻子也不夠挺，還有一點胖……感覺自我崩塌了。

但這不是很正常的現象嗎？根本沒有「自我崩塌」這一說，「好」中本來就藏著「壞」；「善」中也會隱遁著「惡」；「對」中也有相對的「錯」。而我們對自己不夠好甚至糟糕的一面，接納得是否足夠，決定了我們的內心是否平和。

沒有人是完美的，如果你覺得自己樣樣都很完美，那才真的不正常。

自愛也是有限度的，所謂愛自己，不是盲目的相信自己沒有缺點，每個方面都是最好的，而是明知道自己有很多缺點，依然相信自己是很好的。

一個真實且成熟的人，本質上是知道自己不夠好，然後在寬容裡變得更好。

肚子上有小贅肉又怎麼樣？喜歡減肥就減，不喜歡那就圓嘟嘟的也很可愛；腿型不好看，穿短褲會很醜吧，那是別人的評價，你如果喜歡穿，就可以穿；臉型不好看又如何，老天爺給你這張臉，是讓你和別人不一樣，不是讓你自卑的。

活得像開掛（按：形容表現超乎水準）了一樣，不是因為瘦了才開掛，而是你打從心裡愛自己；人生沒有標準尺寸，XS號的確顯得人清瘦，但是身高一百七十公分的人怎麼可能穿XS號，穿L號的你也很得體和漂亮；活得漂亮的判斷標準，是接受自己的每一個樣子，而不是只接受體重不超過五十公斤的自己。

人生確實是一場舞臺表演，但最重要的不是臺下的歡呼，而是臺上的你對出演主角的自己有多麼肯定。

聚光燈閃閃照著，整個舞臺都發著光，不是因為燈有多亮，而是因為你站在那裡才發光。

人生沒有那麼多「應該變成什麼樣」，當你想要責怪自己時，想像一下，如果是你喜歡的人遇到同樣的事，你會怎麼維護他，然後就那樣去維護自己。

比如你因為失誤做錯了事情，你很難過，想罵自己：你怎麼連這點小事都做不好。這時你把自己換成他，想想如果是他，你會用什麼理由來解釋這一切、你會怎麼安慰眼前這個難過的人、你會怎麼幫助他解決現在的問題，然後你就用這些方式來對待自己。
愛的方式總是很簡單，難的是我們總是忘記愛自己。
日本作家松浦彌太郎說過一句話：「我發誓，無論自己能做什麼，不能做什麼，欠缺什麼，擁有什麼，我都絕不能討厭自己，要好好珍惜自己，到死都要繼續愛自己。」
希望你明白，你才是自己最大的希望。

四

致每一個你：
你總是喜歡別人的生活，能不能偶爾也喜歡一下自己啊？
你滿聰明的，只要你想學，就能拿到不錯的成績。
你也滿好的，身材也很好，偶爾出門不洗臉、不洗頭，也不要畏畏縮縮的，覺得抬不起頭。
想社交也好，想宅在家裡也罷，你都可以選擇。和朋友約出去只是吃喝玩樂沒關係，有時候想談談正經事也值得鼓勵，不必那麼排斥。

沒有那麼多人討厭你，因為大多數時候你出醜都沒人關注的。

如果遇人不淑，那不是你的問題，是那個人配不上這麼好的你。

如果沒有人心疼，要自己把自己抱緊。愛別人不一定有回報，愛自己肯定有。

和自己相處了很久，才能學會愛自己。

愛他人容易，有時出於本能就可以做到，愛自己卻很難，要和自己的頑劣之處對抗，再和解，要接受自己的技不如人、外在缺陷，還有命運偶爾給出的壞運氣。但人這一生最重要的功課就是了解自己、愛自己，越早明白這一點，便能越早讓自己自由。

慢慢找回好狀態下的自己，生活會變得很簡單。

花點時間去問問自己，到底喜歡吃什麼食物、看什麼書、跟什麼人在一起，不然，下一次你依然會迷失在別人的生活裡。

你念書不是為了父母，而是你自己想考出好成績，證明你也可以很棒；你想吃某一樣東西，是真的享受美食，而不是看到別人打卡就眼紅；你健身是因為你喜歡，而不是因為看到別人有好身材就焦慮。

當你變得自信、有趣，允許別人踏入你的生活；當你有為別人鼓掌的氣度，也有允許自己出糗的心態；當你睡得越來越早，開始在乎前途和未來，你會感受得到，那個你回來了。

當你好好愛自己時，身體會釋放出一種很療癒的能量，每當別人被這種能量感染到，就會覺得非常溫暖，於是下意識的更願意愛你，於是就形成了一個良性迴圈。

如果想擁有更多的愛，還是應該先把自己放在第一位，之後你會發現全世界都對你笑臉相迎。

人只有發自內心的喜歡自己，才能擁有真正的快樂。

如果你因為無法接受自己的不完美而不開心，去照一照鏡子，這樣跟自己說：鏡子裡的小可愛是這個世界上獨一無二的，光憑這一點，我就真的太愛她了。

現在是自愛時間，請默念：我超好，我超棒，我超可愛。請念十遍。

有的人看似把愛看得很淡，好像得到和失去都不要緊，
實際上呢，是一個會為愛心碎一萬次的小笨蛋。

世界上最難的斷捨離，不是找不到、理還亂的衣櫃，
也不是總也填不滿、止不住的欲望，
而是一個人對另一個人愛恨交織、拉扯不斷的懷念。

11

向生活請個假，今天要做個快樂的廢物

人類的精神世界是很奇妙的。

即使是很好的朋友，見面前也會有點煩躁：「赴約好麻煩啊！」
但是見面後又覺得：「幸好見面了耶！」瞬間開心起來。
離別後雖然有點寂寞，卻又感覺能獨處很放鬆。

孤獨是關上燈，與發光的靈魂為伴。
發呆也是一種沸騰，我在我的小世界裡翻江倒海。

我曾在一家公司短暫的工作了兩個月，和一個同事相處得不錯，她叫小布。離職時，我們都有點不捨，相約以後也要經常聯繫，但成年人的約定就像拆封就貶值的盲盒（按：指消費者不知道實際商品款式的盒裝商品）一樣不值錢。後來，誰也沒有聯繫過誰。

這個世界不主張離別，但離別是太容易發生的事了。

幾年後，我和小布在一個活動上偶遇，我們都很興奮。

我假裝責備她說：「說好了要聯絡，怎麼就沒消息了呢？」其實我很心虛，我問她為何不聯繫我，我又何嘗主動聯繫過她。

小布可能沒想那麼多，笑著說：「我有想過要聯絡，連字都打出來了，最後還是刪掉。不知道妳在幹麼，是不是很忙，找妳算不算打擾，總之想多了，想要聯絡的熱情就沒有了。」

的孤獨。

那一刻，我很難過，腦子只有兩個字：孤獨。她的孤獨，我的孤獨，世界上所有人

我們都有過非常想約一個人出來見面、吃飯、傾訴的念頭，都有過拿起手機想找一個人，後來又默默放下的無奈，任由情緒在自己身體裡無聲爆發。

人類的精神世界是很奇妙的。

即使是很好的朋友，見面前也會有點煩躁：「赴約好麻煩啊！」但是見面後又覺得：「幸好見面了耶！」瞬間開心起來。離別後雖然有點寂寞，卻又感覺獨處很放鬆。

每天都在「我好孤獨」和「孤獨好爽」這兩種狀態中來回切換。對於孤獨，嘴上說著抗拒，心裡卻很熱切。

越長大，越喜歡獨處，比起被人左右情緒的生活，我們似乎更喜歡無人問津的日子。

二

人們渴望被了解，借此度過海海人生，而有的人自己有海。就像有的人討厭通勤時間太長，上班路像取經路，太沒意思了，而有的人卻偏偏享受其中。

經過短暫的客套之後，我和小布重新找回了當年的熱絡。問起近況，才得知她結婚了，並有一個三歲的可愛寶寶。她感慨，有孩子之後，時間更不夠用了。

我說：「怪不得我看妳腳步匆匆，像是有什麼急事，妳每天都這麼忙嗎？」

小布笑著說：「可不是嘛，今天來參加活動，之後我就不回公司了，趕快去買菜回家帶小孩。」

她自述：手機裡設置了十幾個鬧鐘，從早上五點到晚上十二點，一個小孩，一份工作，足以讓她從早忙到晚。只有每天上下班的路上，才完全屬於自己。

公司在城市的北邊，她住在最南邊，這意味著她每天要穿越整個城市去上班。也許在別人看來，一個半小時的車程很長、很累、很心酸，但對她來說，那九十分鐘雖然置身喧囂，但又事不關己，什麼都不能做，但也什麼都不用做。

這段自由的通勤時光，就是她和地球的單獨約會。

下車之後，萬家燈火裡就有自己的小家。像所有歸家心切的母親一樣，她會跟「短暫的自由」揮手告別，迅速切換到另一個身分。

生活的本質不可能總是五光十色，但能有詩意、浪漫、療癒的瞬間，零星的點綴其中，好像也沒那麼難過了。

對小布來說，更奢侈的享受是遊車河（按：開車或坐車兜風）。老公放假時，會主動要求帶小孩，好讓她出去放鬆一下。她會選擇把車放在家裡，去坐長距離的公車，從起站坐到終站，然後再坐回來。一個月能遊一次車河，足以抵消所有的疲憊。

我很好奇，問：「通勤也是在車裡，好不容易休息了，還要坐車，妳不煩嗎？」

她擺擺手說：「當然不會，開車和坐車的感受不一樣，坐車時才會深刻感受到城市的變化。看著窗外街道、小路上星星點點的在改變，再想到自己也有份參與其中，真是太奇妙了。」

她繼續補充說：「路過郊區的地方，看不到那麼多急匆匆的身影，很讓人寧靜；那裡的天似乎更藍，雲也更白，看著就心情舒暢；陽光灑進車裡也不會覺得燥熱，因為冷氣溫度剛剛好。」

沒有浪費時間的罪惡感，沒有非做不可的事，沒有非等不可的人，只享受在繁忙的世界裡發一會兒呆。這一段獨處時光，是一種愜意和享受。

三

和小布一樣，我也有很多見縫插針用來發呆的時光，不多不少，二十分鐘左右。不要小看這二十分鐘，有了它，就能恢復元氣。

發呆真是一件很奇妙的事情，你在家躺著、癱著的時候，無法體會這種深邃的快樂，只有見縫插針「偷」來的，才會快樂。

我將這樣的時光稱為有意義的發呆。發呆這件事，如果做得好，那就是深沉；但不宜過長，那樣會顯得痴呆。

我有一個小愛好，洗剪吹只喜歡洗的部分。

有時下班後，我會到家附近的理髮店洗頭。從髮絲弄溼的那一刻開始，就閉上眼睛，當溫潤的水流浸溼頭髮，頭皮開始慢慢發麻，大腦逐漸放空。

去的次數多了，我都能感受到洗頭小弟做這一行的時間，那個笨手笨腳卻小心翼翼的小弟，做這行絕對不會超過一個半月；這個手法嫻熟，擺弄髮絲遊刃有餘的小弟，至少做了半年。

當然，大多時候我什麼都不想，因為我是來放鬆的，不是來思考的。

漫無目的的發呆真的很幸福，也是一種悄默聲（按：不聲不響）之中進行的心靈「大保健」。

思緒飄走，又輕輕的飄回到小弟的手指上，感受力度輕重和按摩方向。不管世界怎麼卷，此刻的我，心裡只有雲捲雲舒（按：出自《菜根譚》）。

但也是有損失的，比如昨天洗頭的時候，我的「克里斯汀」、「大衛」和「愛德華」都掉了。

在心裡默默哀悼了五分鐘。

人就像是一塊橡皮，因為不同的規則、標準、身分，被擠壓成不同的形狀，以便更順暢的生活，但也因此，要承受被擠壓的疲憊。

讓自己喘口氣真的很重要，心情不好時就什麼也別做了，去公園發呆、晒太陽，聽聽那裡的老人在聊些什麼八卦、唱些什麼歌，偶爾還可以互動聊天。如果害羞不敢說話，就找個安靜的地方，靜靜坐著看看風景，看看藍天白雲，看鳥兒飛過，風吹過，什麼都不用做，隨大腦放空，把難過、不如意通通暫時忘掉，讓思緒遨遊，還可以小聲碎碎念。

保留一部分肆意和自我，是我在忙碌生活中習得的小狡猾。

有時候乾脆的承認「那段時間浪費掉了」，反倒能讓人生輕鬆。沒必要從每一件事中都尋找出意義，無所事事中也能感受到快樂。

遊車河也好，洗頭髮也好，甚至是發呆，在生活裡安插一個只屬於自己的時刻。即便那個時間只有二十分鐘，但也足夠成為一個「假期」了。畢竟發呆是唯一不用付費的宇宙漫遊。

大多數時候，我們無力改變太多，該忙碌的還是要忙碌，該努力的也絕不懈怠，但我們仍然需要保留一個二十分鐘的「假期」，努力讓剩下的時間不再乏味。

四

偶爾，我喜歡沉迷於非人際關係的事物，比如書籍、樂高積木、動畫、連續劇。我覺得能擁有一段與人失去聯繫的時間是一種放鬆，但要說我是一個性格很內向的人又不完全是，我也喜歡和朋友們出去玩，也喜歡熱鬧，但對獨處也有一定的偏執，就是一定要有一段時間是完全屬於自己的。

在那段時間裡，不和任何人交談，就自己一個人靜靜的做事或者發呆。我情緒低落的解壓方式是：沉默、不交際、聽歌、發呆、熬夜、難過，從人群中消失一段時間，然後自癒歸來，迴圈反覆……一個人能做的事，我真的可以想出很多。

世界是喧鬧的，現在的我們無法逃到深山裡去，唯一能做的，就是鬧中取靜。

相比於孤獨偶爾泛起的寂寥感，投入人群的那種不適感更讓人窒息：假裝外向、和話不投機的人沒話找話、對著一個個毫無興趣的人一遍一遍介紹自己……。

我並不主張完全封閉自己，但我覺得一個人還是應該有適當的獨處時光，那是認識自己、發現自己、探索自己最好的時機。

上天藉由各種途徑使人變得孤獨，讓我們可以走向自己。

一個人是無法獨自生活在世界上的，需要一定的社交能力，但是僅僅擁有這種能力還不夠，孤獨也是一種能力，你要讓這種能力成為本能，人一生中的大部分時間都只能與自己相處。

與自己相處，不僅要學會閱讀、冥想或者發呆，還要充分享受一個人充滿自信與熱愛的生活狀態。

一人獨坐其實並不寂寞，只是想自己待一會兒，別人卻想太多。人們會有刻板印象，認為一個人吃飯、看電影、過生日必定淒淒慘慘戚戚。他們對孤獨的定義總是悲觀的，因此會下意識的畏懼。

但孤獨不是這樣的，好的孤獨是能清晰分辨出「我應該」和「我想要」，那是你想要的狀態，而不是逃離人群的藉口。

孤獨不是放縱，生活可以五顏六色，但不能亂七八糟，一個人時也不要邋裡邋遢，該精緻時絕不能粗糙，否則就太可惜了。

你選擇獨處是為了補充能量，而不是內耗自己，致使自己越來越像一坨爛泥。

孤獨是必要的修行，但依然不能失去信任別人和愛的能力，依然要走出去，要接受世間萬物。

享受孤獨的人不是被孤獨拖拽，而是被孤獨療癒。

真正的孤獨，開始是「熱鬧是別人的，與我無關」的決然；然後是獨自搬家、去醫院的堅強；再之後是一個人吃飯、旅行、挑戰「第二個半價」的快樂；最後是「在熱鬧中失去的，終會在孤獨中找回來」的平靜。

如果你偶爾被動孤獨，請不要害怕，不要逃避，去理解、去消化，把這段時光活出趣味來，在廢墟中重建城堡。

如果你享受獨處，請不要沉淪、不要放縱，去感受、去補充，讓孤獨妙趣橫生，讓花兒開出新的花。

偶爾向生活請個假吧，就算做一個快樂的「廢物」也無妨。

把「自己」提到「待辦事項」的最上面，並找到一件真正能讓自己放鬆舒適的事情，在短暫的時間裡，創造屬於自己的快樂。

當你在喜歡的生活方式裡，找到了自信快樂的自己，你就完全掌握了與這個世界相處的最佳方式。

如果你今天什麼事都沒做，就當是在緩衝資料好了，明天就能載入完畢。

孤獨是關上燈，與發光的靈魂為伴。發呆也是一種沸騰，我在我的小世界裡翻江倒海。

12

你要成為一個發光的人，而不是僅僅被照亮

有的人，當你不再愛他時，
就覺得他什麼都不是，甚至不如狗屎；
而有的人，當你不再愛他，他還是他：
溫柔聰明、幽默正直，
由內到外他都是一個堂堂正正、有血有肉、讓人喜愛的人。

愛情讓人發光，是我們對一段感情最高的評價。

一

你是否會因為對方為你做了一點小事，或是帶來一點小浪漫，就經常感動到流淚？
你是否會患得患失，擔心對方離你而去？
你是否會在一段感情中，經常出現「我配不上對方」的念頭？
以上情況全部在「大侄子」身上表現得淋漓盡致。

「大侄子」是我們大老闆的侄子，目前在我們部門渡劫（不是，是歷練）。人滿好的，有教養，沒有架子，不會因為自己是老闆的親戚，就眼睛長在頭頂上；還非常隨和，就連我們叫他「大侄子」，他也欣然接受。

大老闆也喜歡這個侄子，可能是因為他們性格很像吧，怎麼說呢，都是天真到可愛的類型。

雖然「大侄子」從小就是在冒著幸福泡泡的蜜糖裡長大，但是不知道為什麼，卻總是表現出三分哀傷再加七分憂鬱的氣質。戴著眼鏡的他很像徐志摩，還是個戀愛腦。

他對每段愛情都極為投入和認真，總是輕易心動，輕易陷進去，像是極度卑微缺愛似的，還時常做出一些讓我們無法理解的怪異舉動。

他曾經暗戀一個女孩，有一次帶女孩出去兜風，結果車子拋錨了。在等待拖車時，女孩隨手拿出自己做的小點心請他吃。

據他描述，那一瞬間，拿在手裡的點心閃著光，幸福感爆棚，他很想哭。

他當時只有一個念頭：她也喜歡我。

我們都驚呆了，這也太離譜了，和他的人設根本不符。

部門老大哥仁哥更是不客氣，瘋狂嘲笑他：「咋的（按：中國東北用語，「怎麼樣」的意思），你沒吃過點心啊，還是沒喜歡過人啊，這也能哭！」

「大侄子」一臉鄙視的說：「你這個粗糙的男人，懂什麼細膩的愛情細節！」我們集體爆笑，隔壁部門的人在外面偷偷窺視，以為發生了什麼大事。

「大侄子」每一次戀愛都投入得可怕，自我感動得不行。一些對情侶來說極為平常的小事，對他來說就是驚天動地的大事。他從來不在乎女孩的家境、身分，每一個他都用心去愛，然後認真被甩，認真難過。

他仰視著每一個喜歡的女孩，內心還瘋狂自我暗示：我除了有一點錢，其他都配不上她們。

原來有錢人和我們有著同樣的戀愛煩惱，果然愛情面前人人平等。

就是因為把愛情當成生活的全部，才會把自己存在的價值都投射在一段關係裡：有人愛我，我就值得；沒人愛我，我就不配。

但凡被好好愛過的人，都不會糾結於對方給的好，因為知道自己值得；而那些整天把「愛上」搞成「哀傷」的人，其實根本沒有被好好愛過。

如何體面的接受對方的愛，以及如何自然的向對方表達愛，真的不是人人都會。拋開一些附加條件，愛情其實需要一部分心安理得。不要蜷縮，不要卑微，要直接面對愛意，大膽表達；不要怯懦，不要畏懼，不要因為自己的失衡嚇跑對方。

一段好的感情是兩個人都自帶光芒，互相照亮對方，讓彼此看到希望，而不是一方卑微到塵埃，一方一味的去消耗，把對方拉進一個伸手不見五指的深淵。無論友情還是愛情，都應該如此。

二

「大侄子」最近又失戀了，傷心到無法出席一個午餐會。那天在去飯店的路上，我、仁哥和我們的上司秋玟聊起他，還調侃了一番。

出席午餐會的不乏商界大老和產業菁英，秋玟忙著到處打招呼，我和仁哥誰也不認識，基本就是吃。五星級飯店的自助餐真的太好吃了，「大侄子」沒來，實在是可惜。

我看到秋玟和一個帥氣的男人打招呼，一看就是菁英範兒（按：指氣質或派頭），關鍵是兩人還有說有笑的，就問仁哥那個人是誰。

仁哥看了一眼，「呀，李明瀚回來了。」

「誰是李明瀚？」

「以前是我們公司的業務骨幹（按：指團體中的重要人員），滿厲害的，後來自立門戶，發展得不錯，之前聽說他一直在外地忙著開拓市場……他以前還是秋玟的男朋友呢。」

前面那些我都不在意，但聽到後面，我的八卦之魂迅速燃起來了。

「真的假的啊？他們在一起多久？怎麼分手的？怎麼現在還能這麼愉快的聊天呢？」我完全控制不住自己的好奇心。

「妳怎麼那麼多問題，妳一下問這麼多，我先回答哪個？」

「唉，你告訴我他們……。」

這時秋玟走過來，對我們說：「等下結束後你們先回公司吧，我還有點事。」

「妳是不是和李明……。」我及時收住了嘴。

秋玟愣了一秒鐘，然後迅速瞪了仁哥一眼，仁哥戰術性喝果汁避開她的眼神。「你們兩個夠了喔，別瞎猜，我是去忙正經事。」

回去的路上，我對仁哥威逼利誘，最後以一杯咖啡再加外帶一塊蛋糕給他兒子的代價，套出了秋玟那段戀情的始末。怎麼說呢，人類高品質戀情也就是這樣吧。

秋玟剛來公司沒多久，因為表現優異，很快就參與了幾個重要專案，而李明瀚當時已是中階主管，兩人合作親密無間，久而久之，愛情的火苗悄悄燃燒，自然而然發展成戀人。公司對辦公室戀情還算開明。

但是，在一起三年後，也許是性格不合，也許是摻雜了太多公事的因素，他們分手了，各自安好，再見亦是朋友。後來，李明瀚出去單獨發展，而秋玟在公司努力奮鬥。

有幾年，公司頻繁撤換管理階層，逐漸形成了各自的小圈子，可謂腥風血雨，內鬥很嚴重。

有一次，秋玟發現她師父為了扳倒當時的林副總，不惜損害公司利益。她看不下去，就去提醒林副總，公司因此避免了重大損失。她師父自然暴跳如雷，說她忘恩負義，將她投閒置散。

那場內鬥最終以她師父捲鋪蓋走人畫上句號，公司也逐漸回到正軌。而林副總覺得秋玟為人正直，就把她留下了。我的上司為人正直這件事倒是很出名的，我深以為傲。

仁哥當時是林副總的心腹，全程見證了那場堪比諸神之戰的內鬥。後來，他和林副總去見李明瀚才知道，林副總能勝出，李明瀚幫了不少忙。林副總並不想欠別人人情，所以約李明瀚出來看看怎麼還人情債。

李明瀚最關切的還是秋玟，就問林副總會怎麼對她。

「我不會因為她師父的事牽連到她，她是個人才，我不會輕易放走。如果不是秋玟，現在出局的就是我。」林副總似乎明白了他的意思，接著說：「而且你放心，我一定會好好關照她的。」

李明瀚當時說了一番話，讓仁哥至今難忘。

「以秋玟的能力，她不需要別人給她額外的關照。但是她這個人很單純，我希望她不會再遇到像她師父那樣的人。商業競爭，爾虞我詐在所難免，但人還是要有起碼的底線。一個善良單純的人，不應該在同一件事情上被傷害兩次，那樣太殘忍了。但我相信林副總的為人，所以我也沒什麼其他要求了。」

現在林副總早已是我們集團裡舉重若輕的主管，而秋玟也憑著自己的本事，一路過關斬將坐到今天的位置。

「秋玟後來知道這件事嗎？」我急切的詢問後續。

「知道什麼？知道李明瀚怎麼說？知道又怎麼樣呢，沒必要。」

「怎麼沒必要？難道不會很感動嗎？萬一有機會復合呢？」

「你們這些小孩就是幼稚，他們是成熟的大人，分手了就向前看了，拖拖拉拉的能成什麼大事。」

「『大侄子』說得沒錯，你還真是個粗糙的男人！」我要氣壞了，不想理他。

有的人，當你不再愛他時，就覺得他什麼都不是，甚至不如狗屎；而有的人，當你不再愛他，他還是他：溫柔聰明、幽默正直，由內到外他都是一個堂堂正正、有血有肉、讓人喜愛的人。

秋玟和李明瀚在午餐會上愉快交談的場景，讓我覺得很美好，人類高品質戀情，無非就是這樣吧。

愛情讓人發光，是我們對一段感情最高的評價。

一段好的愛情，最好的表現其實是——它讓你成為閃著光的人，讓你變成更好的人，而不是更糟的人。

我們總說，愛情是一個人照亮另一個人，其實，真正的愛情發生在兩個發光體之間。在一起時會很明亮，分開時也各自閃耀。你在我身邊也好，在天邊也罷，想到世界的某個角落有一個你，便覺得整個世界都變得溫柔安定了。

三

有時候，在愛情或是生活裡，我們常常因為自己不夠耀眼而自卑，覺得自己很普通，普通到跌落塵埃就消失不見。所以當遇到一個很好的人，會不自覺的仰望：那個人是來照亮我灰暗人生的。

當萬物皆是光，紛紛為你而來之時，你是否想過，在追光的時候，你自己也是光，也可以照亮別人？人的一生未必都波瀾壯闊、蕩氣回腸，左右我們如何活著的，往往是那些每天都在上演、都在謝幕的生命場景，在陽光下，細碎如微塵般翻飛跳躍的恰似人的一生，而我們其實早已在不經意間把微塵舞出了光芒。

我之所以有這樣的感悟，是因為前段時間大學同學突然聯繫我。我們聊了很多以前的事，她向我訴說工作和生活中的艱辛，還說自己要堅持不下去了，我自然好好安慰了她一番。

就在要掛電話時，她說：「妳要堅持發朋友圈啊，雖然我不是每一條都評論，但每次看妳的朋友圈，就覺得生活好像也沒那麼糟糕了。」

我這才記起，以前的我真的很愛發朋友圈，搞笑的、勵志的、毒舌的……什麼都有，後來大概是因為遵循晒照片的自我修養：自拍三千，只取一張，實在讓人心累，就不想發了，現在只是偶爾想起來發一則。

聽完她的話，我沉默了好久，心裡既感動又開心，原來有人關注我發的朋友圈，原來我也是一個可以給別人帶來溫暖和動力的人。

我時常覺得自己普通，生活每日如常，沒什麼閃光點（按：指人或事物某方面的優點），但從來沒想過，在看不到的地方，像我這樣的普通人，也曾是別人的一束光，也曾裝飾過別人的夢，也會有人偷偷把我說的話記在心裡。

原來我也是很重要的人，也曾不經意間照亮和溫暖過別人，哪怕只是很短的一段時間，哪怕只有幾個人覺得我「很重要」，這就足夠了。

看到自己成了別人生命中的光，那一刻真的好幸福。

我們都有過感覺很難的時候，因為看不到希望想要辭掉一份工作，因為不自信想要結束一段感情，因為處處碰壁想要結束漂泊的生活。

那時總覺得人生灰暗無比，但好在總有人會在某一刻伸出手來拉我們一把，讓我們覺得：雖然生活很難，但這一刻自己好像又可以了。因為這些人的存在，讓過去很多個崩潰的、失敗的、低落的時刻，都成了最好的鋪墊。

很難說今天的我們是由過去的哪一刻成就的。但我敢說，如果沒有生命裡出現的一些人，我一定不會成為現在的自己。

他人給予我們的感情和友誼是一種奇蹟，也是一種恩惠。反過來說，我們給予他人的感情和友誼也同樣重要。

這也提醒我，要努力成為一個發光的人，因為不知道誰會藉此走出黑暗；要盡情的閃耀，因為不知道會點亮誰心裡的火花；要保持自己的信仰，因為不知道會影響到誰。

面對生活這個巨大且艱辛的考場，普通人並不普通。幾乎每一天，我們都會和撲面而來的難題交手，和微妙起伏的情緒周旋，並以勇者的姿態等候「無常」的光顧。與兒時天馬行空的憧憬不同，長大後的世界並不容易。如何在現實的錘鍊中守護好內心與理想，並力所能及的照顧好身邊的人，僅做到這些，已是生活中的英雄了。不妨有一個童話般的信仰：每一個人都努力發著光，人間就能如星河一般璀璨。

我們這一路，無非就是追著光、靠近光、成為光、散發光。你不要圓滑，要變成星星，有稜有角，還會發光，照亮別人的同時也讓自己閃耀。

相信我，在這吹不出褶皺的平靜日子裡，你也在閃閃發光呢。

13

成熟不是為了走向複雜，而是為了抵達天真

小時候的我，滿腦子天馬行空的想法，
一定要去搆最高處的果子，去摘最亮的那顆星星，
幻想著自己有一天，踏著七彩祥雲，遇見牛魔王。

現在的我，有最務實的想法，
滿三十五元減十八元，還有一張十塊錢的抵用券，
這頓外賣只花了七塊錢。

一

你發現過主管的哪些「祕密」？

週末我和李可怡相約逛街，我提早到了，決定先去夾娃娃消磨時間。

結果，不小心撞見公司的吵吵副總，和一個男人在娃娃機前有說有笑。我像偷拍戀情證據的偵探一樣，迅速躲到一個角落裡，細細觀察。

據我分析，那個人應該是她男朋友，還滿帥的。吵吵副總開心的依偎在男朋友懷裡夾著娃娃，時而竊竊私語，時而哈哈大笑，畫面太美，不忍移開目光。

這是我第一次看到她小鳥依人、少女甜美的一面。印象中她從來都是冷酷臉，平時不苟言笑就算了，走路還常常帶起一陣颼風，所到之處，寸草不生。最喜歡的事，恐怕就是和鬧鬧副總一起把員工夾成三明治。

此情此景，真是可愛了不少，高冷人設也瞬間崩塌了。

不過說實話，她夾娃娃技術也太爛了，就那一隻熊，夾幾次了！快急死我了，那夾子再往前一點啊，再往前點……唉，夾子都沒對準過，就算有機會也錯過了啊！

如果我現在走過去跟她說，我們有相同的愛好，她從此會對我好一點嗎？但理智告訴我，不可以。

趁著沒被發現，我準備悄悄溜走。最後再看一眼，那只熊再一次從鬆掉的夾子下逃走了。

其實她可以找工作人員重新擺一下的，一看就是沒經驗……吵吵副總假裝很失望的樣子，她男朋友順勢抱了她一下。

別說了，我溜了。我在想，要不要把這個重大發現發到公司內部的吐槽群組裡。

吵吵副總的反差實在太大了，一個職場女強人和男朋友約會的時候夾娃娃，而且看起來超級可愛，我從沒在公司裡看見她這麼開心過。

但話又說回來，誰規定職場女強人不可以夾娃娃呢？

成年人也有天真的需求、有可愛的權利、有對浪漫的渴望；也喜歡吃甜筒、夾娃娃；偶爾喝奶茶也喜歡全糖冰。只是生活處處充滿了妥協，以前喝奶茶一定要全糖的我，現在只敢喝半糖。所以我必須鄭重聲明，敢於全糖正常冰的都是真正的勇士。

成年人遇到一些小事也會大哭或大笑，只是大多數時候被自己的社會角色困住了，不敢表現出大喜或大悲的樣子。

小孩子才做選擇，成年人只能做牛做馬和做不完的工作。

人一長大就會變得無趣，忽然在生活各個方面都需要知進退、懂分寸，不敢做任何出格之舉。累積了不少成長經驗值，卻也失去了很多樂趣，漸漸分不清這是「我想做的」，還是「別人注視下我不得不做的」。

「負重前行」當然是每個成年人都要面對的，但真正支撐我們活下去並感到人間快樂的，反而是偶爾做的那些孩子氣的事。

成年人的生活有時候需要一些冷靜與穩重，來提示自己是什麼樣子，但更多時候，它需要許多有趣與天真來撫慰自己的失意。

二

第二天，我繪聲繪影的將此事講給同事瑤瑤聽，看到瑤瑤經歷「瞳孔大地震」，我心滿意足。

瑤瑤緩了一會，大呼太巧了，「吵吵鬧鬧二人組真是絕配！」

我問她何出此言。

瑤瑤說：「妳還記得上次大老闆看完浪姐（按：中國綜藝節目《乘風破浪的姐姐》）之後，心血來潮發起的那次團建嗎？」

「怎麼可能忘，全場唯二遭殃的不就是我們這兩個打雜的嗎！」戳中了我的傷心事，一想到上次團建，全身骨頭都散了。

「就是那次，我看見鬧鬧副總的愛馬仕（Hermès）包裡，掛了一個神力女超人的絨毛玩偶。」瑤瑤捂著嘴，生怕別人聽見。

「怎麼可能啊？」這回輪到我震驚了。

「是掛在裡面那一層的拉鍊上，要不是那天她的包包掉在地上，滑出來，我也不知道。我猜掛在裡面一定是不想讓別人看見。」

「她們兩個怎麼都這麼孩子氣啊。」

「不然怎麼會說她們絕配呢，都是偷偷摸摸的叛逆。」瑤瑤一副很懂的樣子。

「妳好像很懂似的。」

「大家都這樣啊，妳不也沒事就去夾娃娃嗎？」

「我怎麼跟人家比，我是一個打工仔，人家是管理階層！」

「有差別嗎，誰沒有一點童心未泯呢，外表那麼冷酷都是偽裝，內心都是小女孩。」

「很厲害啊，瑤瑤，這麼透澈嗎？但妳不夠意思，這麼有意思的事都不告訴我。」

我揶揄她。

「我忘了嘛！妳說夾娃娃的事，我才想起來。」

「要不要上傳到群組呢，肯定很勁爆。」

「妳先傳啊。」

「妳先傳吧。」

……

可想而知，我們誰都不敢傳。

我是真的喜歡那些能保持天真、詩意、熱血，甚至偶爾還有點幼稚和中二的人，喜歡得不得了。

年少時，我們自帶這些東西，每個人看起來都那麼生機勃勃。但隨著年齡的增長，身邊的朋友一個個眼見著頹下去了。

誰也逃不過荷爾蒙的叛逃和現實的打擊。女人的少女感都是靠化妝品幫忙，靠各種醫美輔助，還有美顏濾鏡加持；男人至死是少年的場景，也只能在土味（按：指過時、土氣）影片裡博人一笑。

所以，天真更是指心態和精氣神方面。越長大，越羨慕那些雖然年齡上已經成年，但依然保有天真的人。而買兒童套餐，已經是我最後的倔強了。

三

早餐店的老闆問我要什麼，我想要肆無忌憚、要躊躇滿志、要遨遊山川湖海、要世界所有爛漫……開個玩笑，我已經長大了，我要豆漿和油條。

小時候看完《哈利波特》（*Harry Potter*），一直等著來自霍格華茲的貓頭鷹，結果一直沒來，才終於確定，我是沒有魔法的。

我開始意識到，長大最糟糕的就是這一點。

小時候的我，會和朋友趁大人不注意，爬上家附近那棵果樹，偷偷摘下酸澀的野果子，還時不時趴在草地上凝視每一朵花、每一棵草，給他們取一個新鮮的名字，偶爾抓住一隻紡織娘，就以為抓住了整個夏天。

現在的我，只會給每一根頭髮取一個溫暖的名字，可惜我的「蘇珊娜」昨天掉了。

小時候的我，永遠不知道下一個掰開的果子，是春天的第一口新鮮，還是秋天的那次告別。

現在的我非常清楚，目前唯一可行的穿越方法，就是把鬧鐘關掉後再閉上眼睛，閉眼五秒鐘就能抵達兩小時後的未來。

小時候的我，滿腦子天馬行空的想法，一定要去搆最高處的果子，去摘最亮的那顆星星，幻想著自己有一天，踏著七彩祥雲，遇見牛魔王。

現在的我，有最務實的想法，滿三十五元減十八元，還有一張十塊錢的抵用券，這頓外賣只花了七塊錢。

小時候的夏日，有說不完的悄悄話，那些沒說完的話一個個掛在月亮上，一起譜寫那首叫「下次見」的詩。

現在最不值錢的約定就是下次，下次的意思是星期八；改天的意思是三十二號；以後是指十三月；有時間意味著在二十五點。

小時候的我，別說快樂不打折，連不快樂也不打折，不高興就「哇」一聲哭出來。

現在的我，難過了不敢直接說，要找一張圖片，配一段文案，再配一首合適的音樂，壞情緒，要轉好幾個彎才敢發洩出來。

小時候不怕晒，不怕吃得多，不怕生病，反而盼望生病，因為能得到更多好吃的和更多關愛，現在，這幾點是最怕的。

小時候，能問出十萬個為什麼，長大後只問今天中午吃什麼。

大人們真的是太無聊了，成年人的視角裡，只有成功值得歌頌，快樂、詩意和希望變得毫無價值。

但是，成年人也只是「過期」的小朋友啊。《小王子》裡說：「所有的大人都曾經是小孩，雖然，只有少數的人記得。」從兒童到成人是一個既定結果，從成人到天真卻是一種「逆行」。

童年註定無法延期，我們唯一能做的就是努力守護住天真，因為天真永不過期。

作家三毛說：「**成熟不是為了走向複雜，而是為了抵達天真**。天真的人，不代表沒有見過世界的黑暗，恰恰因為見到過，才知道天真的好。」

天真不是幼稚，只有擁有足夠的智慧，以及懷揣著對生活濃烈的熱愛，才能遊刃有餘的做到這一點。

天真的可貴之處在於真實。

要有足夠的勇氣把自己放到生活中探索，而不是藏在某種人設或他人的想像裡。大到婚姻、職業，小到穿衣、打扮，聽從自己的喜好，而不是人人看得懂的格調。

是能真實的面對自己，不迂迴、不猶豫，所思即所做、所做即所得，像小時候那樣，用直覺去選擇和喜愛。孩子能用沙子構築城堡，能對著一隻蝸牛喜笑顏開，能對一朵雲仰望良久……那是因為，他覺得萬事萬物稀奇有趣，他對這個世界獻上了好奇。

所以，當你覺得生活像白開水一樣無趣時，不妨想想，當你是孩子時，每天是怎麼發現快樂的。是探索、是驚喜、是對未知的渴望、是用手和眼睛接觸一切新奇的東西。是看山不是山，看水不是水，是滿腦子膽大包天的奇思妙想。

幸福不是遙不可及的憧憬，也不是等待打勾的待辦事項。幸福是當下手裡已經握緊的棒棒糖，仔細端詳，抿一口，感受那種甜，然後像五歲時那樣笑。

世界總勸你做一個堅強的大人，而我希望你永遠有允許自己天真的權利。既有成年人的判斷與解決問題的能力，也能始終保持孩子的童真快樂。

天真永不消逝，浪漫至死不渝。你要做最美的「逆行者」，要做童心樂園的固定嘉賓，永遠續約，永不退席。

這世界奇奇怪怪，我們一起可可愛愛。我們意氣風發，跨越山海，一切都才剛剛開始而已。

想到今天超棒的天氣，
想到要見面的家人、朋友，想到今天吃了很好吃的飯菜，
想到還有很期待的快遞沒有簽收，
想到生命中還有要遇見卻沒有遇見的人，就要努力好好活下去。

14

任何值得做的事，都值得第一次做砸

你很焦慮，但還是和別人打了招呼；
你滿頭大汗，但還是大膽跟老闆要求了加薪；
你沒有準備好完美的答案，但你舉手了；
你緊張得快吐了，但還是約了她出來。

至於失敗了怎麼辦，
那就讓我們熱烈的慶祝又一次失敗。
每一次失敗都是一次珍貴的嘗試，哪怕只前進了一點點，
也是在給自信心這棟小房子添磚加瓦。

一

最近，我悟出了一個道理：懶人，其實都是氣氛組選手。

就我自己來說，每當我想做一件事，總是先做好各種準備工作和心理建設，還美其名：工欲善其事，必先利其器。

比如，我要看書，會先準備好咖啡和小點心，這樣可以營造溫馨的氣氛。

看書時突然來了感悟，我會把電腦打開，先掃毒（按：執行防毒軟體）——這樣運行速度會比較快，然後感悟沒了。

下定決心要健身，馬上下單了美美的健身服和運動鞋，還會順便瀏覽稀奇古怪的健身器材，萬一有效果呢。

心血來潮想下廚，先購置一堆鍋碗瓢盆、精美的盤子，漂亮的勺子和筷子當然也不能少。

至於事情本身……呵呵，洗洗睡了（按：指不要白費力氣了）。

所以，我很羨慕那些身體力行、想到什麼就去做的人。巧的是，我身邊真的有一位行動派。

工作出問題，默默忍受，抱怨幾句，那叫吐槽；無法忍受，只想走人，那叫跳槽。朋友左左，應該是廣大人力資源最痛恨的一種人，跳槽者聯盟裡唯一的候選人非她莫屬。在工作的七年時間裡，她成功換了十份工作。

倒也不是熱衷於跳槽，而是她一直沒有找到讓自己內心沸騰，願意為之奮鬥終生的工作。

左左的優點是，不怕折騰，也不怕失敗。畢業前父母讓她考研究所或考公務員，都被她拒絕了。她當時躊躇滿志，滿腹理想，覺得自己正處於「花季」的年齡，應該去大城市闖蕩，為事業努力打拚。

也不知道哪裡來的自信，她連履歷也不投就直奔深圳，窩在每個月人民幣幾百元的單間出租屋（按：同臺灣的出租雅房），一邊輾轉尋找住處，一邊海投履歷找工作。

那時的她，無比相信自己很快就會找到一份好工作。

現實往往很殘酷，它只會教你怎麼做人。被拒絕了一次又一次之後，左左才意識到自己的想法有多天真，實力有多弱。

面對漸漸扁下去的錢包，她從理想主義者變回現實主義者，選了一份業務工作。沒有經驗、沒有業績、沒有抽成，靠底薪完全不能生活，有一段時間很煎熬。

她怎麼也沒想到，這輾轉反側、糾結焦慮的第一份工作竟然是業務，沒有說做業務不好，只是和理想差距太大。

後來，她又找到一份在廣告公司當插畫師的工作。她以前學過幾年畫畫，果然技多不壓身，真的派上用場了。結果日久生厭，因為這份工作需要放下很多自己的喜惡，有時候不是為了好看，只要按要求做完，合約上的甲方滿意就好。

明明那是一個很難看的東西，還是要交上去，而且還通過了，她覺得理想在一點點幻滅。

工作不是很忙，沒事時可以自由摸魚。坐在位子上發呆時，她會想起曾經意氣風發的自己，她不甘心。工作還是要學到一點東西，摸魚是很愉快，但無法成長。

堅持了四個月，消磨掉了待下去的欲望，她選擇了裸辭（按：指還沒找到下一份工作就辭職）。如果你非常想走，會有一個很強烈的願望，覺得自己坐在那裡就是浪費生命。

從深圳回來，她又做了業務。這次是在一家高級健身會所，比之前那份工作更磨人，每天都在打電話和接待客戶之間奔波，重回只有底薪的生活。好在平時還能在網路上兼做插畫師，才讓自己生存下來。她唯一的快樂是，工作完可以免費享受會所裡的健身器材，然後再洗個熱水澡。

到了辭職那天，她才成功銷售了五張會員卡，看到銀行帳戶裡的獎金數字時，正式和業務工作做了了斷。

在那之後她繼續折騰著，商品代理、裝修公司，甚至還去了網紅孵化公司（按：網紅經紀公司）……。

二

「等等，網紅孵化公司？」當得知左左去了網紅孵化公司，我很吃驚，「妳會孵化網紅嗎？」

「一開始一定不會啊，慢慢摸索囉。」

然後她詳細的跟我講了一下，如何從一開始什麼都不知道，到自己簽約網紅，然後怎麼進行全方位的培養，怎麼向平臺推銷……我聽得一頭霧水，越發覺得她了不起。

「妳太厲害了，可以做這麼多完全不同性質的工作，我就不敢。」

「有時候也考慮不了那麼多，就是硬著頭皮做。後來我發現，要想順利把事情做完，可以先假裝自己能做到，然後就真的能做到了。」

有些事情，硬上才是最好的方法。實際上看到自己在行動，即使只是做做樣子、敷衍一人，信心也會跟上來。

最初嘗試的那幾次一定很困難，所以，在艱難的初期，要把成就感建立在做的事情上，而不是感覺上。

你很焦慮，但還是和別人打了招呼；你滿頭大汗，但還是大膽跟老闆要求了加薪；你沒有準備好完美的答案，但你舉手了；你緊張得快吐了，但還是約了她出來。

你的焦慮不可信，所以不要尋求它的回饋。看看自己做了什麼，用你做到的來衡量你的成功。

前段時間和左左吃飯，才得知她現在和朋友合夥開了一家「共享空間」公司，提供空間給沒有固定工作場所的人。原來，她的第九份工作，網路公司的設計也不幹了。

「妳是從哪發現這些稀奇古怪的工作？」

「這次是朋友邀請的，我覺得很好就參與了。」左左笑著說。

「現在的工作有意思嗎？妳喜歡嗎？」

「滿喜歡的，沒想到剛開始做就吸引了那麼多人，看來大家都需要一個安靜的工作場所。而且我們的會員真的各行各業都有，之前做業務練的嘴皮子沒白費，我現在和人打交道一點都不緊張，和他們交流也學到了很多東西，感覺眼界更開闊了。」

「妳真的很好學啊！」

「哈哈，那當然，總要學點東西，睡覺才踏實。」

我倒是很好奇，第九份工作她滿喜歡的，怎麼就不幹了呢？

左左說：「當時也猶豫了一下。辦完離職手續走出公司大樓，過馬路時正好遇到紅燈，倒數計時從六十秒開始，我突然想，它是不是在暗示我，現在後悔還來得及？但綠燈亮起時，我還是篤定的走了過去。在那一刻我知道，我是對的。人生還會有很多個迷惑的路口，我要做的就是選定最想通過的那一個。」

「這份工作算是心想事成嗎？畢竟妳現在也是合夥人了！」

左左顯得很興奮：「怎麼說呢，感覺很棒。以前那麼多工作都沒有這種感覺，現在每天都很期待，總有用不完的精力，想要多做一點。算是心想事成吧。」

心想事成多好啊，喜歡的人能在一起；感興趣的事情能做到；想買的東西能搶到；想吃的東西馬上能吃到；渴望的都擁有；討厭都遠離……真的做夢都會笑出聲來。

但心想事成靠的從來都不是簡單的運氣，而是為了心想事成，你到底能有多拚。

一腔熱情不足以心想事成，只有扎扎實實、腳踏實地的行動，明確自己的目標；還要扛住壓力，和焦慮鬥爭，要接受無數個默默做事，卻得不到認可的時刻；然後依然打起精神，用最好的精氣神去面對，去處理一切難題。

我無意討論頻繁跳槽的利弊，但不可否認，左左確實在一點點接近自己最想要的生活。她享受每一次探索的意義，每份工作都能學到點東西，每段時間都會檢視自己的生活與工作，然後積極調整。工作時盡可能展現自我的價值，慢慢讓自己有更多技能傍身，閒時就享受人生。

許多追夢的人，他心裡有一股勁，無論結果好壞，他都堅持，別人覺得他軸（按：指固執），但其實他的邏輯很簡單：他享受追夢的過程，又並不強求結果，往往無心插柳的時候，反而自然成了。

三

世界上有兩種人：一種在池邊玩水，享受戲水的樂趣；一種是一頭栽入深水區，去探索各種未知。

哪一種更值得推崇？我覺得兩種都值得，因為他們都選擇了下水，而不只是在岸邊觀望。

很多人不承認自己不願意行動，他們會說自己還沒準備好；等準備好了，就會行動。這會導致什麼結果呢？錯失良機。

不敢輕易開始，無非是怕做錯。從短期來看，「做錯」的事情會讓人後悔，並會想辦法去補救，但把時間拉長，「沒做」的後悔程度，會遠遠超過「做錯」。

任何值得做的事，都值得第一次做砸。之所以有效，是因為它加速了你的決策，讓你直接行動，哪怕結果不夠好，你也可以調整它、優化它，否則會花很長時間來決定應該如何去做。

在面對做與不做的問題時，優先選擇去做，也許是一個更好的選擇，至少你不會那麼容易感到後悔。

松浦彌太郎說：「按照順序，一件一件的用心去處理好眼前發生的問題，只要這麼做，你心中的不安便不會再任意膨脹，只因你採取了具體的行動。」

「至少比不做要好。」這是我最近很信奉的一句話。

因為已經聽過太多負面情緒的話了：我運動了怎麼沒變瘦？我早睡了怎麼還是長痘痘？我努力了這麼久怎麼還不升職……然後備感無力，覺得失去了對生活的掌控，好像什麼都改變不了。

這種時候，就要想：如果我沒有做那些事的話，情況一定比現在更糟糕。

如果我沒運動，可能已經更胖了；如果我沒早睡，可能會長更多痘痘；如果我沒努力，那麼我現在一定被甩得更遠。

我們做的事情並不是沒有用，它或許需要一點時間，需要厚積薄發，但是做了一定會比沒做更好。

哪怕今天只看了一頁書、只背了五個單詞、只運動了十分鐘，也會比「覺得這幾分鐘沒用，所以什麼都沒做」要好得多。

無論如何，至少比不做要好。

人是因為什麼都沒做，才會有那種懸在半空中的失重感，你把生活的支配感交給了虛無，自己也就只剩下無能為力。

努力嘗試和改變才是最不憋屈（按：覺得委屈又無法訴說）的活法。快樂不是你想要就能擁有，而是要去做讓自己快樂的事；羨慕不會讓你成為那個人，而是要去做能成為這樣的人的事。

激發幹勁的最好方法，就是「硬著頭皮開始做」。拖拖拉拉的等著幹勁上來再做，就永遠也提不起勁來。不要胡思亂想，羨慕沒用、乾想沒用，要去行動、去作為，只有開始做了，幹勁才會慢慢跟上來。

要做一個踏實而有執行力的人：此時能做的事，絕不拖延到下一刻；此地能做的事，絕不想著換另一個地方再做；此身能做的事，絕不妄圖他人來替代。

至於失敗了怎麼辦，那就讓我們熱烈的慶祝又一次失敗。

每一次失敗都是一次珍貴的嘗試，哪怕只前進了一點點，也是在給自信心這棟小房子添磚加瓦。

15

生活是在一堆碎玻璃碴子裡找糖

生活，就是用你擁有的那一、兩分的甜，
去沖淡八、九分的苦。

快樂和煩惱也應該像脆皮軟心糖的花樣口味，隨機而不確定，
每一口酸甜都是過關斬將，每一次嘗試都是絕版體驗。

世界快得過火，你也沒有理由一直活在不開心裡。

生活，就是用你擁有的那一、兩分的甜，去沖淡八、九分的苦。

愛情中，我們也格外貪戀那一點甜，希望有一個人出現，成為那顆最甜的糖。遺憾的是，不是每段愛情都能以甜蜜收尾，有的愛情甚至連開頭的甜蜜都少得可憐。

朋友吳雙雙經歷了一段白開水式愛情，無色無味，無感無趣。這段感情的甜蜜期短得可憐，愛情秒變親情，就像老夫老妻的生活，試想一下，如果熱戀時就這樣，那也太沒意思了。

怎麼說呢，比起那些雞飛狗跳的愛情「事故」，這段感情省心省力，任何時候被問起「妳和大東怎麼樣？」，吳雙雙都能回答「還好」。是真的只是「還好」而已，既不用扮演福爾摩斯來查對方手機，也不會因為吵架而互相忌恨。

但偶爾，當吳雙雙聽到身邊的朋友講，某一天不小心燙傷了手指，男友如何小題大做，捧起燙到的手指拚命吹……她會油然而生一股羨慕之情，和無法向人訴說的難過，因為她非常肯定，如果是她燙傷了手指，大東可能不會多看一眼。

並不是捧起手指吹一吹會怎麼樣，而是她感覺不到大東對她的用心。

其實大東完全不算「渣男」，他沒有夜夜買醉，跟所有異性關係正常，訊息從來不會已讀不回，外出也及時報備，每到生日、節日總是會問她「想要什麼」。

大東還不錯吧，但也就只是還不錯。要想搜集更多「非常愛」的細節，也是真的搜不到。

吳雙雙是律師，偶爾出去應酬要喝點酒，她說過不只一次，希望大東能去接她一下，而他總是讓她叫計程車或者直接找代駕。

吳雙雙說想去旅遊，大東總是嫌做功課太麻煩，以後再說。

吳雙雙說想去看一場愛情電影，大東說無腦愛情片有什麼可看的。

她告訴自己，這些做不做都無所謂，但有時候她很委屈，明明這些都是只要他再多在乎一點點就可以做好的事情。

去接她、去旅行和看電影，都不是多麼重要的事情，但要做也真的不難。如果維繫一段感情需要的熱情是七十五分，而他正好就做了七十五分，但除此之外，就什麼都沒有了。

說起來也不複雜，就是沒有那種女孩子都很渴望的情緒價值。

愛情怎麼能離開情緒價值呢？愛情如果不黏黏膩膩、不互相花心思、不適當依賴對方，那和甲方乙方有什麼區別。

所謂儀式感，對女生來說，就是在漫長的一生裡，你能偶爾對我用點心。

我們當然都是獨立的個體，每天為美好生活辛苦打拚，當有一天，你突然累了，希望有一個人來握緊你的手，給你力量的時候，那個人卻平靜的看著你，讓你多喝熱水，這時候誰需要什麼鬼熱水啊，明明一個擁抱就可以解決，分明就是不用心啊！

多喝熱水沒問題，但關鍵在於這是一句敷衍的套話（按：指普通應酬的空話），還是真誠的關心。

說不出來是透過什麼方式來表達和感受被愛，但對方是只願意與你維持最基本的和平共處關係，還是有在好好用心的愛你，你完全能夠感覺出來。

沒有熱情、沒有黏膩的甜蜜、沒有付出情緒價值的戀愛，是非常消耗愛意的。

感情不是水龍頭，不能說關就關，但可以像電池，慢慢的消耗，總有一天，會耗盡所有的念想（按：惦記、想念）。

沒有很愛很愛的點點滴滴，真的太難撐過漫長的人生了。

這點點滴滴是什麼呢？就是累時的一個擁抱、用心挑禮物的過程、一起旅行時的甜蜜蜜……有時候的確很花時間，但收穫的總會比付出的多。

吃三十元一支的烤肉串，還是三千元一頓的日本料理，從來都不是關鍵，在有需要的時候，有人可以做你的精神依託，才是重要的。

在任何想要維繫的關係裡都不要偷懶。好的感情，是能讓對方感覺到你的用心，是「全世界怎麼要求你那是它的事，我最偏心，我的糖都給你」。

二

在愛情中失意的吳雙雙，最近在事業上也失意了，真是名副其實的「雙失」青年。

作為一名律師，我們總覺得這個職業的人應該冷靜又清醒，所以有什麼困難都願意找她分析，這個世界上應該沒有什麼能難倒吳雙雙。

最近聊天才得知，還真的有連吳雙雙也搞不定的事。失戀後，她的工作無縫接軌進入了瓶頸期。我們驚訝她偽裝得太好，一點都看不出來，也為她的倔強生氣，發生那麼大的事，竟然沒告訴我們。

工作了幾年，她發現自己很難再進步，以前覺得遊刃有餘的事，現在做起來很費力。每天翻看各種案例資料，但腦袋還是空空如也，研究案情時完全找不到切入點。

白天，她把自己關在辦公室強迫自己思考，越想越焦躁；晚上，她瘋狂加班，咖啡無限續杯，奈何腦子像糨糊。

情況持續了一段時間，越來越嚴重，最嚴重的時候，她連門都不想出，家裡亂七八糟的，她躺在床上，聽案情講解，煩得要命。

工作和生活好像突然停滯了，她一腳踩空，感覺自己一直在墜落。

有一天晚上，她又因工作沒有進展而抓狂，但腦袋裡有一個聲音告訴她：不能再這樣了。

她勉強起身下樓去散步。已經很久沒在這個時間下樓了，原來社區外面的廣場這麼熱鬧啊，有跳廣場舞的、有演奏樂器的、有健身的，還有跳街舞的，十幾個少年盡情展現青春活力。

吳雙雙被成功吸引，不自覺的隨著音樂節奏一起搖擺。

有一個女孩注意到她，把她拉進隊伍裡。

起初她還不太會，後來把心一橫，硬著頭皮瞎跳，最後徹底玩瘋了，手舞足蹈，全場數她跳得最開心，在廣場上跳出了夜店的氛圍。

就在那一瞬間，莫名其妙的，整個人得到了某種釋放。

披頭四樂團（The Beatles）成員約翰．藍儂（John Lennon）說：「我們正在為生活疲於奔命的時候，生活已經離我們而去。」

最初工作賺錢是為了改善生活，但做著做著，卻把工作賺錢當成了目標，而忘記了生活。

很多人收藏了很多生活小妙招，最後卻發現自己沒有生活。

偶爾，生活會因為一件小事脫軌，那一刻，你突然不相信自己了，不相信自己能搞定糟糕的現狀。但是不相信自己這件事，又會從一件小事上重新相信回來了。

人生那麼長，你會被莫名其妙的東西擊倒，然後要靠莫名其妙的東西站起來，但你不知道那種莫名其妙是什麼。

其實這種莫名其妙的東西就是生活藏起來的糖。我們需要撥開生活雞毛蒜皮的迷霧，在一堆碎玻璃碴子裡找到那顆糖。

有的人的糖在備忘錄裡，那裡記錄了別人跟他講過的、他身上的優點。在失意時，他會拿出來看，然後，又相信自己一點了。

有的人的糖在朋友的關心裡，在朋友圈裡說心情不好時，意外收到了不太熟的好友傳來訊息，說雖然不知道發生什麼事，但如果需要聊天，他隨時都在。

還有人的糖在陌生人給的驚喜裡，在排隊吃飯時，收到陌生人塞過來兩張優惠券，說自己來不及用又不想浪費，希望可以給別人一份小驚喜，多點幾樣愛吃的菜。

世界上最療癒的事情，往往會在不經意的瞬間發生，也許是自我的鼓勵、朋友的關心、愛人的照料，甚至陌生人的善意。正是因為這些事情的發生，讓我們在苦悶的生活裡，找到了堅持下去的力量。

所以，你必須培養一些愛好，不是空洞遙遠的目標，而是實實在在甚至庸俗的吃喝拉撒，必須一覺醒來很清楚至少今天還能做什麼。去樓下吃最豐盛的早餐，去給窗臺上的盆栽澆水，去追一集剛更新的電視劇，去找一個知心老友閒聊。

你必須累積這種微小的期待和快樂，這樣才不會被遙不可及的夢，和無法掌控的愛給拖垮。

生活裡，除了要看看天氣，也得要接接地氣，才能看到煙火氣（按：指市井百態、尋常生活之氣）。

三

《奇葩說》（按：中國辯論節目）裡，編劇柏邦妮曾感嘆：「心裡全是苦的人，要多少甜才能填滿啊？」

製作人馬東回覆：「心裡有很多苦的人，只要一絲甜就能填滿。」

要是問我，什麼是疲憊生活裡的一絲甜？我的答案是，菜市場。

如果讓我形容天堂的樣子，它應該是菜市場的模樣。

我喜歡食材陳列那種有秩序的美，強迫症瞬間就治好了；我喜歡形形色色的番茄，還有各種形狀的南瓜，對色彩與形狀的理解更精細了；我喜歡老闆教我的、各種儲存食物的小妙招，簡直是重度社交恐懼症的福音。

我留戀瓜果時蔬的新鮮，生雞活鴨的吵鬧，還有熙熙攘攘的人群，以及他們的狗狗。

我永遠是菜市場的忠實粉絲，不管多累，下班後能去逛一逛，就能恢復元氣。

尤其是看到一排小吃攤，真的口水止不住的流。烤冷麵（按：黑龍江街頭小吃）是拚搏之餘的溫柔犒賞；鐵板雞架（按：瀋陽小吃）是疲憊生活的英雄夢想；蒜蓉粉絲扇貝是心底永遠不會被磨滅的欲望；而勾魂大腰子（按：新疆小吃）總是發出最野性的呼喚，鼓勵我再來兩串……。

那是一個有魔力的地方，心情不好去遛一圈，你會發現原來還有很多人在努力生活。當你親自體驗那種人聲鼎沸、生動具體、鮮活有溫度的瞬間，什麼壞情緒都可以一掃而光。

說到底，人間煙火氣，最撫凡人心。

說不出來什麼是熱愛生活，但是去熱氣騰騰的菜市場走一趟，我的心是滿的，一下子柔軟起來。一切面目可憎的事物都可以被原諒，就是這麼簡單。

市井長巷，聚攏來是煙火，攤開來是人間。

人生中，有很多快樂跟金錢並沒有必然的關係。

去見心上人的路上，就算坐長達十幾個小時的硬座（按：客運或火車上的硬席座位），也覺得心裡像吃了蜜一樣甜。

下班後街頭的一份臭豆腐、一罐冰鎮可樂，快樂就能滋滋冒泡了，一天的辛苦也不算什麼。

在夏天的清晨一身輕鬆起床，陽光灑滿窗臺，太陽又一次照常升起，就很開心。

人生很短，經不起滿腹幽怨和盲目生氣，你的職責是照顧好自己，而非焦慮時光，別只顧著在苟且裡傷春悲秋，你要時常想起詩和遠方，想起奶茶和糖果。

未來還有更多的可能性值得探索，快樂和煩惱也應該像脆皮軟心糖的花樣口味，隨機而不確定，每一口酸甜都是過關斬將，每一次嘗試都是絕版體驗。

世界快得過火，你也沒有理由一直活在不開心裡。

生活的規律是，你越想要什麼，越不給你什麼。而你要做的，就是擁有什麼，就玩好什麼。

生活給你檸檬，你就榨檸檬汁；生活給你一地雞毛，你就做雞毛撣子；生活給你雪球，你就做最甜的甜筒。

生活給你甜甜圈，你就透過那個大洞，選擇只看甜的部分。

如果你熱愛生活，生活一定比誰都清楚。

一定還有很多「人間很值得」的時刻，沒事就去找找這些美好的時刻。在充滿小挫敗的生活裡，你遲早會被自己的糖所觸動。

16

不如意時「切」一聲就好了，因為一「切」都會過去的

人生很多黑暗時刻都是暫時的。
當上帝對你關上一扇門，不要生氣，
那是讓你練習面壁，是給你時間調整自己。

你看，一切都沒有那麼糟，
天氣會很好，太陽會升起，陽光灑滿大地，會毫不偏頗的分給你，
空氣中的花香，也有一份會向你散開，
就連現在的小挫折，也是美好生活的欲揚先抑。

一

朋友果子有一種超能力：如果沒有人趕鴨子上架，她就會袖手旁觀，親眼看著一件事從糟糕變得更糟。

比如，有想看的舞臺劇或是演唱會，已經看過無數遍的購票資訊，也研究過路線圖，算好了時間，卻在最後要付款時猶豫了：太麻煩了，又那麼遠，看完出來那麼多人，不知道要多久才能到家，萬一到時候臨時有事……然後想了很久就沒下單。

再比如，和我們約出來玩，中途幾次要放大家鴿子，我們知道她的老毛病，就逼她出來。結果每次都是她玩得最開心，遲遲不願回家。

果子自知不擅長解決問題，要麼別人幫她解決，要麼任由事情變得一團糟。她相信一時逃避一時爽，一直逃避就會一直爽。直到這次失戀。

說實話，失戀這件事情本身沒有給她帶來太大的打擊，倒是幫她帶走了很多麻煩。

分手沒幾天，家裡的網路出問題。她打電話給系統商，得知最快要明天才能修。她瞬間炸了，明天還要上班啊，社區的訊號又不好，這不就是變相失聯。從失戀到失聯，原來就是一條網路線的問題。

業務員看她情緒激動，反過來勸她，並且當天晚上就派人來修，原來是插頭鬆了，維修人員幫她加強固定了插頭，再也沒有鬆掉。

而以前，這些事情都是前男友去解決的。

半個月後，水管漏水，流了一地，她拖地拖到崩潰，恰巧鄰居阿姨看到她的窘態，回家拿工具，沒幾分鐘就修好了，水流比以前更順暢了。

而以前，遇到這些事情她只會抱怨，然後站在一邊看著男友去解決。

一個月後，家裡有親戚要來玩，讓果子去接機。果子很煩躁，各種糾結怎麼去機場，坐計程車太貴，捷運沒有直達，坐機場巴士不知道在哪上車……後來硬著頭皮出發，選擇了機場巴士，結果一切順利，接到了人。

而以前，往返機場都是前男友接送。

後來，租的房子到期了，房東要漲價，果子只能退租。她第一次獨立找到房子搬家，坐在新家時，她覺得自己太厲害了。

我們都覺得她這次分手分得太不是時候，似乎影響了她的整個生活走勢。早知道後勁這麼大，還不如不分。

但果子竟然一反常態，她說，這次分手對她來說，是非常重要的人生課題。

這段時間發生了很多事情，或大或小，或麻煩或悲催，每一件事都在逼著她去面對，變相讓她學會面對生活。

原來，學會好好生活，必須經過實作。

難過也好，迷茫也好，學會好好生活，就是做好一件件生活的小事，好好吃飯，好好睡覺，想運動時就去運動，無論發生什麼事情，都努力解決。

然後就會發現，沒有什麼事情過不去，也沒有什麼事解決不了。

果子說，她現在終於相信那句話了：「這世界根本不存在『不會做』這回事，當你失去了所有的依靠，自然就什麼都會了。」

她曾覺得這句話很傷感，但是經歷過一些事情之後，早已沒了當初那些自怨自艾，現在滿腦子都在想：我現在超厲害，沒什麼做不到。

因為獨自解決問題之後獲得的成就感，是任何「依靠」都換不來的，靠別人可能很輕鬆，但是靠自己很痛快。

一個人去解決問題，從來不是孤獨和無依靠，而是成長和必須。

喜歡的東西就努力爭取，被人冒犯不舒服就嗆回去，不會的事情就上網查，可以找人幫忙，但不要總想著靠別人，慢慢的你會發現，自己真的很了不起。

二

我們都曾幻想長大的自己會變成身邊人的港灣，成為他們最強大的後盾，但現實卻是，自己只是大海中一艘隨時會翻的小船，飄搖無著，步步驚心。

個人的努力在充滿變數的生活中，總顯得那樣渺小與脆弱，即使步步為營，仍會遇上狂風暴雨，也許這才是人生。

朋友洋洋自嘲是公司終結者，因為他每次離職，都是因為公司倒閉。每次求職時，面試官都會看著洋洋的履歷，問出相同問題：「我看你近期幾份工作在職時間都不太長，方便問一下是什麼原因嗎？」洋洋會小心翼翼的解釋，比如「業務調整」、「公司搬到別的城市」、「發展路線不符合自己的預期」……。

「前公司都倒閉了」這句話，他怎麼也說不出口。

第一份工作起點很高，當時那家公司發展很好，正要全力準備上市。業績好的時候，獎金領到手軟，年終還會帶著所有人去峇里島玩七天，北京飄著鵝毛大雪，他們的朋友圈裡是過不完的夏天。

作為一個應屆生，一畢業就能進入這樣的公司，當然求之不得。

可是好景不長，公司被查出來資料造假，原來風光背後都是自己鑲的假鑽。公司瞬間變成一盤散沙，稍微有點門路的早就跑了，離職的人比留下的人還多。

洋洋起初也很慌，但他覺得自己還是新人，可以再堅持一段時間，萬一還有機會呢？不久，殘存的團隊幾次轉型，最後公司以一個低廉的價格被打包出售，新老闆把這些老兵掃地出門，他也算是仁至義盡，陪了公司最後一程。

從這個坑裡爬出來，他又換了幾家公司，寵物、保險、培訓機構，都做過，都倒了。洋洋有時候感嘆：「世界這麼大，我依然找不到工作。」身邊不少人對他指指點點，說他什麼工作都做不長，他真是有苦說不出，還有人在背後叫他「職業剋星」和「行業冥燈」。

金牛座的洋洋自認是一個踏實可靠的人，沒想到求職路這麼艱辛。但是他顧不了這些，現在唯一需要的就是一份工作。於是繼續投履歷，去面試。最後終於找到現在的工作，這份工作超過以前所有工作加在一起的時間。雖然公司規模不大，但他每一步都走得很穩，福利待遇也逐步上升，可算是熬過了自己的黑暗時刻。

不停換工作的這幾年，也許對別人來說輕描淡寫，但當中經歷的一切只有他自己知道，有狼狽離職的無奈、有被強制執行的羞辱、有看到好運眷顧卻又被狠心抽走的失落……目前的生活也許算不上風光無限，但是和當初在浪潮中浮沉相比，還是要好太多。

不得不說，這種好壞全收再沉默搏鬥的心態、這種用實實在在的結果來回擊每一個質疑的堅定，真的很鼓舞人。

很多時候明明拿了一手好牌，卻打得一團糟；明明拚盡全力，結果卻是不盡如人意；本來可以過得更好，卻陰差陽錯選擇了另一條路。

有句話叫：上帝為你關上一扇門，自然會為你開一扇窗。

有的人不相信，覺得上帝關了我的門，還順手封死我的窗。而有的人就是有本事，當上帝剛想給他開一扇窗時，他就自力更生的把屋頂掀開，劈開了一條出路。

人生很多黑暗時刻都是暫時的。當上帝對你關上一扇門，不要生氣，那是讓你練習面壁，是給你時間調整自己。

任何覺得難熬的時刻，追根究柢都是因為眼界不夠開闊，然後把自己繞進去了。把時間線拉長之後，眼下的難過都是平常又普通的情緒流動。

時間是還原鍵（按：電腦還原作業系統的快速按鍵），是邁向全新世界的傳送門，它會告訴你，一切過往經歷都是考驗，最終直指一個目標：給你更好的。

日劇《長假》裡有一段臺詞：「人生不如意的時候，是上帝給的長假。這時就應該好好享受假期，當突然有一天假期結束，時來運轉，人生才真正開始了。」

如果此時此刻不太順利的話，一定是以後有十倍、百倍的好運氣在等著你，困在當下總是最痛苦的，不要糾結，大步往前走。再堅持一陣子，人生會比想像中更加明朗，更加開闊。

三

在遊樂場玩一天，你就會發現，人類的遊樂形式只有三種：原地打轉、大起大落，和原地打轉並大起大落。

日本作家村上春樹說過：「不必太糾結於當下，也不必太憂慮未來，人生沒有無用的經歷，當你經歷過一些事情後，眼前的風景已經和以前不一樣了。」

過往的迷茫與不解，時間最後都會告訴你答案，果實歸果實，泡沫歸泡沫，你要繼續緩慢前行，沒有什麼能打倒你，更沒有人能讓你停滯不前。

我們都是普通人，沒吃過多了不起的苦，沒見過什麼不得了的大場面，也沒有拯救世界的能力，更多時候，甚至還會失去拯救自己的能力。這都沒關係，世界每天都會發生這樣的事，沒有什麼必然的好與壞，跌落塵埃或者觸底反彈都會發生。能夠接受一切改變，不鑽牛角尖，不放棄生活，才真的了不起。

安全感有時並不來自「糟糕的事永遠不會發生」，我們當然希望如此，但更現實的安全感是，就算發生糟糕的事，相信我們也能應對。

很多事情都在變化，在當時被定下的結果往往都不是最終的結局，如果太著急、太情緒化、太急於認命，就會錯過很多機會。這個世界一直在變，甚至十天就有一個變化，當不好的事情發生時，要耐心再等等，往往會有不一樣的反轉，如果破罐子破摔（按：罐子已經破了還再摔碎，形容已有錯誤不加改正，反而更往壞的方向發展），把東西一股腦打翻在地上，就真的什麼也得不到了。

日本作家太宰治說：「在所謂的人世間打滾至今，我唯一願意視為真理的，就只有這一句話：一切都會過去的。」

「一切都會過去的」是一句很好用的話，狂喜或沮喪、得意或失落、開心或難過、大笑或流淚時，都可以對自己這麼說，因為真的都會過去。

但這句話只會在你付出努力之後才會應驗，一切都會過去的，但你得先振作起來。

當面對不盡如人意的結果，你一定要懂得，不如意才是生活的常態，事事順心只是拜年時說的一句吉祥話罷了。

人生是一場隱喻，常常流淚、常常悲觀，常常感到人生要完蛋，但最後都沒有。

說一個冷知識：到目前為止，你已經從你所有認為不會過去的事情中倖存了下來。

你看，一切都沒有那麼糟，天氣會很好，太陽會升起，陽光灑滿大地，會毫不偏頗的分給你，空氣中的花香，也有一份會向你散開，就連現在的小挫折，也是美好生活的欲揚先抑。

遇到壞事，「切」一聲就好，從五年、十年來看，這點小事根本不算什麼；遇到好事，就要「哇」一聲，今天也太幸福了，還有這種好事。

接下來會有很好的事情發生，好到超出預期。你要堅信，等過了這一關，一切都會變好的，超好、爆好、非常好、天天好、永遠好、無敵好。

今天，同樣走了遠路的你，值得插著腰大喊一句：人生是不會完蛋的。

17

雖然前方壅塞，但你仍在最優路線上

希望是火，失望是煙，人生就是一邊生火，一邊冒煙。

生活的磨盤很重，你以為它是將你碾碎，
其實它在教你細膩，幫你呈上生活的細節，
避免你太過粗糙的過完一生。

只要有快遞還在路上，只要有好吃的紅燒肉還在鍋裡，
只要喜歡的歌還在單曲迴圈中，
就感覺這生活，還算有點希望。

生活中有很多「卡住」了的時刻，讓人覺得格外艱難。

最近，我和幾個朋友遭遇集體水逆（按：指因水星逆行而運勢不佳），組成了「失意者聯盟」。

小美，前段時間失戀了，化身為憂傷的愛情拾荒者。

小美是一個把感情看得很重的人，上段感情她愛得很投入，失戀之後，堪比災難片的高潮部分，生活已淪為一片廢墟。

白天在家翻箱倒櫃，尋找相愛過的證據；晚上夜夜買醉，以淚洗面。喝下三瓶酒，能流出五瓶量的淚水，真是肝腸寸斷。

李可怡呢，一個需要被關愛的易受傷人士。

暫且不提切水果時經常切傷手指，起身必撞到桌角，走路經常左腳絆右腳的基本操作，前兩天，下班和同事出去歡樂時光，打保齡球閃到腰，而且還很嚴重，走路都得托著腰，每挪一步就發出像蛇一樣「絲絲」的聲音。

以前我們就經常嘲笑她四肢不協調，誰會想到連陳年老腰也不行了，公園裡的老先生、老太太看到她那個走路姿勢都直搖頭。

吳雙雙就是一個黑鍋「承包商」。

最近她的律師事務所裡有一個升職機會，她本著公平競爭的心態，勤懇穩步的提升業績，沒想到一向相處不錯的同事突然暗中耍手段，陷害了她幾次。讓她難過的不是失去升職機會，而是相處多年的同事怎麼會突然變臉呢？

她很生氣，也很不服氣。現在一邊扶著李可怡去洗手間，還要一邊打電話遙控下屬，指示她如何反擊，看來是要放什麼大絕招。

我呢，也沒好到哪去，是一個「麻煩製造機」。

上週接手了一個超級龐大又複雜的專案，光是收集資料就已經快要吐血了，更別提還要做企劃和組織架構……我確實有一點力不從心，但絕不能輕易認輸，不能讓我的上司失望。

所以，我只能一邊焦頭爛額，一邊瘋狂工作，假裝自己可以應付。

我環顧了一下我們這幾個人，看望朋友的心情是相似的，但各有各的垂頭喪氣和慘兮兮。

一個沉浸在電視裡播放的傷感愛情劇情，偷偷抹著眼淚；一個在電話裡運籌帷幄，電話差點沒打爆了；一個看似心平氣和，但腦子在瘋狂運作怎麼把收集到的資料組合在一起。只有病人是認真在生病，時不時又「絲絲」的喊疼。

生活太難了，總是麻煩不斷，充滿各種問題，就好像見不得我們好，一定要定期收回所有的順心如意。稍微感覺順一點時，生活馬上就指著我們的腦門說：「你的好日子結束了。」

為什麼總是對生活不滿意呢？因為我們天真的以為它可以變得一帆風順。

過日子總會遇到問題，起起伏伏。畢竟，就連吃火鍋涮毛肚都要七上八下（按：中國吃火鍋的習慣，毛肚只需要涮七、八次就好）呢。

成長讓人無可奈何，但也逼著我們看清很多。就是不再斷言一定，不再糾結必須，不再固執已失去，不再局限未得到。

十九歲時為之肝腸寸斷的人，二十三歲時再回頭看，只會覺得當時真的很傻。二十一歲時遇到挫折，感覺天要塌了，二十五歲時再回頭看，感覺那都不算什麼。二十二歲時輕易錯過一個機會，二十八歲時再想起來可能很後悔，分明可以再果斷和勇敢一些。

人生沒有正確答案，只有向前，向前，再向前。

我有點恍惚，這種沮喪崩潰的經歷真的太熟悉了。原來人生的大部分劇情，是會循環往復不停上演的。

二

還沒畢業之前，我在一家雜誌社實習，當時寫的稿子經常被退，我非常苦惱。某個週五快下班時，稿子又沒通過。大家都陸陸續續下班了，只有我一個人留在辦公室繼續改稿，前前後後修改了無數個版本，改到最後，看著電腦螢幕，一個字也打不出來了。

這個城市一如既往的燈火闌珊，我孤零零的坐在位子上，抬頭看著桌子對面的牆壁發呆到七點。

默默收拾東西回家，快到家時，才發覺肚子早已餓得「咕咕」叫。看見不遠處有賣雞蛋餅的小攤子，就買了一個雞蛋餅，平時也不會再加料，但今天太累了，特別想吃肉，就加了一份雞柳。

沒想到剛走到家樓下，雞柳就滑出來掉在地上，那一瞬間眼淚直衝眼眶。當時委屈極了，但也沒忘記把雞柳撿起來扔進垃圾桶，看著它掉進垃圾桶的那一剎那，眼淚終於不爭氣的流了下來，就這樣一直哭著進電梯……。

進了家門，漆黑一片，雞蛋餅也不想吃了，只想趕緊洗個澡，誰知剛洗不到兩分鐘，熱水就變成一股冷水沖下來，把我淋了個透心涼。

這次崩潰得很徹底，一邊哭還一邊回想最近發生的倒楣事：喝冰水會牙齒敏感；吃甜筒，上面的冰淇淋球「趴」的掉在地上；好不容易看一下電視，正好看到唐僧把孫悟空趕走，忍不住跟著傷感；去超市買東西，破天荒忘記帶購物袋，只能忍痛買塑膠袋；更別提剛才那個讓人心碎的雞柳⋯⋯。

我當時想不通，為什麼生活只欺負我一個人呢？

有時候生活難就難在，你不僅無法掐住它的喉嚨，還反而被它抓住了頭髮。

想起爸媽做的美味飯菜、想起無憂無慮的大學生活、想起和朋友們一起玩樂的日子，我徹底想通了：「不幹了，明天就辭職，一個實習而已，沒必要把自己搞成這樣！」

好不容易熬到天亮，瘋狂做了心理建設，打電話給主編，沒想到對方先開口：「我剛想找妳，怎麼樣，稿子今天能改好嗎？」

想辭職的話瞬間吞了回去，鬼使神差的說了一句：「可以，今天能改好。」

掛掉電話，一個強烈的念頭從內心升騰起來：不就是一篇稿子嗎？有那麼難嗎？我偏要改好！

我打開電腦開始劈里啪啦打字，臨近中午交了稿，通過了。

後來，每當我經歷各式各樣崩潰無望的時刻，都會回想這次經歷，然後問自己：為什麼那時會把它們看成一堵無法逾越的高牆？

如果做一件事情，能預知結果是好的，別管眼前是否有成效，堅持下去。

這麼多年過去了，那些經歷過的難過、失望、崩潰、沮喪時刻，已經漸漸模糊，反倒是那些當初沒有輕易放棄，堅持之後得到很好結果的事情，記得越來越清楚。

生活中，總有那麼一些時刻，內心會有無數個想要放棄的念頭，但總有一個聲音在反覆提醒你：再堅持一下，你就會……。

三

再堅持一下，你就會得到夢寐以求的東西，你就會改善這種糟糕的現狀，你就會越來越順利……正是這種「總有那麼一點希望，就是我可能會贏」的期盼，支撐著我們堅持下去。

期望是支撐人類生活的基本需求。

當下很累，可是忙完就能吃頓大餐犒賞自己；這段時間很辛苦，撐過去就能在假期跟朋友去看海。不一定是很大的事，小事也有小的浪漫，也足夠讓我們保持期待，繼續生活。

我是一個時常需要一些期盼來支撐生活的那種人。每當覺得生活很艱難時，都是那些或大或小，或抽象或具體的期盼，支撐著我一步一步往前走。

比如，考完試可以肆無忌憚的追劇、打電動、去旅遊；忙完一項工作就可以去參加音樂節，或跟朋友們去旅行……每一個期盼都是支撐我挨過當下困境的利器。

只要有美妙的事情等著我，哪怕眼前辛苦一點也沒關係。

和好朋友相約見面的前一天我翹首以盼，不是因為那個日子有多麼特別，是因為有了期盼。

那些藏在縫隙裡的委屈、躲在角落裡的不開心，還有許多需要去面對的瑣碎煩惱，都因為有了期盼才讓我勇於面對。

我們總說「明天會更好」，真會如此嗎？誰也不知道。

只是我願意給生活設下一個個美好的假設，不是因為那一天有多麼特別，實際上該面對的都要面對，到了那一天沒解決的事情還是得解決，可是我需要這樣的念想，它讓我對生活充滿希望。

也說不定，在這種希望下我會更有動力，一切都能更順利一些，不知不覺就萬事勝意了。

雖然偶爾會埋怨生活，但期盼又讓我們對它產生了無限熱愛之情，不至於沉溺於失意情緒太久。

小美迷上了泰拳，下班就去打一個多小時。那種力量的釋放，讓她坍塌不起的內心得以一點點重建起來，逐漸找回生活的信心。

當然她沒忘記帶李可怡一起去，教練給可怡安排了青少年強度的恢復訓練，效果相當不錯，腰也不怎麼疼了。

吳雙雙放棄反擊了，失去升職機會，只是她成為事務所合夥人道路上的一顆小石子，因為別人而把自己變成面目猙獰的人，那才是巨大損失。

至於我，徹底想開了，工作是工作，生活是生活。我不再一味鑽牛角尖，而是細分了工作，給自己留出緩衝放鬆的時間。工作慢慢有了頭緒，好像也沒有那麼難了，甚至有時候制訂週末玩樂計畫，這日子還值得過。

只要有快遞還在路上，只要有好吃的紅燒肉還在鍋裡，只要喜歡的歌還在單曲迴圈中，就感覺這生活，還算有點希望。

我們確實需要信念感支援自己向前走。

小夢想也好，大目標也罷，或者只是一點小期盼，無須被人理解，也不必急著實現。有時候，能讓你撐下去的，不是擁有另一個人，不是獲得多數人的喜歡，不是一切都很完美，而是你可以放過自己，做任何覺得舒服的事情來抵消當下的難挨。

這個世界上有那麼多可以帶來快樂的東西，高高興興的比什麼都強。

早餐的荷包蛋火候剛剛好；中午的太陽暖洋洋；今晚的月色朦朧又溫柔……還想再品嘗一次，還想再見它們一面，所以要一步一步的走下去。

當萬物明朗，生活有了期望，人生才會越來越有意思。

四

希望是火，失望是煙，人生就是一邊生火，一邊冒煙。

只要心裡的火永遠不滅，哪怕別人只看見煙，就還有希望。看到想吃的美食，下班後就去吃，生活就是那麼簡單，只有絕望的念頭，沒有絕望的生活。

一個人之所以能夠感覺到幸福，不是因為生活愉快、沒有煩惱，而是生活得有希望。

誰都會經歷頹廢失意、內心願望崩塌，之所以能夠從泥濘中一步步走出來，並非只是因為得到鼓勵，或者看到什麼激情滿滿的東西，還有我們在生活中為自己布滿的柔軟、溫和、堅定、看上去並不要緊的小指望、小期盼和小希冀。

對抗困境唯一有效的方法，就是專注用心的好好生活，把最重要的力氣投到真實的創造中。

當有一天你再回頭看時，能記住的都是那些熱淚盈眶的瞬間，至於失魂落魄、丟盔棄甲的情節，都已經淡到模糊了。

人生就像茶葉蛋，需要有裂痕才會入味。

工作不順、創意停滯、人際煩擾、病痛纏身、囊中羞澀……每個人都會遇到各種煩心的事，但人生不是因為看到希望才去堅持，而是因為堅持才會看到希望。

就算什麼也沒有實現，但一路走來的印記，都是一個人蛻變的蛛絲馬跡。也許結果並不如最初所願，但切切實實的成長會讓你領悟：出發的意義不在於抵達，而在於奔跑。

生命中出現的種種偶然和意外教會我們，別無選擇。

但別灰心，就像導航裡說的：「**雖然前方壅塞，但你仍在最優路線上。**」

無論是愛而不得、經歷分離、遊戲連敗、工作不順、買不起心儀的寶貝、機會從手中溜走，還是被分手、被嘲笑、被利用、被輕視，都不要灰心，不要失望，因為每次遭受打擊都是你重整旗鼓的好時機，而且當生活壞到一定程度、倒楣到極點，好運就會緊隨而來。

跌落谷底意味著，你會在傷心後迎來更長久的開心；在驚嚇後獲得更意外的驚喜；在苦惱後擁有更難忘的幸福；在失意後得到比以往更多的得意。運氣是守恆的，不要懼怕身在谷底，正因為無路可退，所以今後每一步路都是向上的。

你要相信觸底反彈，在最難的時候一定會有一些轉機。

英國現代小說家毛姆（William Somerset Maugham）說：「上帝的磨盤（按：石磨的底盤）轉得很慢，但磨得很細。」

生活的磨盤很重，你以為它是將你碾碎，其實它在教你細膩，幫你呈上生活的細節，避免你太過粗糙的過完一生。

人生是一個艱難跋涉的旅程，沒有東西會保持不變。

有時天晴，有時下雨，當你在路上心安理得享受燦爛陽光時，就應該明白，如果有一天遭遇風雨，也該一樣坦然接受。

好運來時多多累積明亮片段，留到前路暗淡的那一刻拿出來照亮自己。

「運氣不好」從某種意義上或許是一種幸運，它讓生活的磨盤轉得更慢，磨得更細。如果你很清楚自己可以長命百歲，就不會在乎眼前一朝一夕間發生的事情。

每天要帶著希望出門，如果事與願違，就再把希望帶回來休息休息，明天繼續帶著希望出門。

急什麼呢，好日子還在後面呢。

18

在人類所有的美德中，勇敢是最稀缺的

你一定會遇見能理解你的辛苦與不安的人，
會遇見能點亮你內心黑暗角落的人，
會遇見能在別人冷眼旁觀時擁抱彼此的人，
但在那之前，你要勇敢。

希望你依舊敢和生活頂撞，
敢在逆境裡撒野，敢於面對生活，
永遠樂意為新一輪月亮的升起歡呼。

希望你繼續興致盎然的和世界交手，一直走在開滿鮮花的路上。

一

前兩天下班後和部門幾個同事相約吃飯，在路上巧遇隔壁部門的「茶藝大師」茶茶。別誤會，茶茶真的是茶藝大師，我們經常分享他自己做的茶包，味道不比外面賣的差。

茶茶高高興興的加入我們，其實他並不知道，附近新開了一家火鍋店，五人同行送一盤肥牛肉片，我們正好缺一個人……當然，他不用知道這些內幕，只要開開心心的吃就行了。

在和同事一起吃的火鍋裡，有毛肚、肥牛、黃喉、百葉、鴨血、水晶粉，以及快樂。無論這一天多麼辛苦，美食真的是最好的療癒良藥。

吃得正高興時，我突然發現茶茶看著門口愣了兩秒鐘，就問他怎麼了。

他低頭掩飾自己的慌亂，一直搖頭說沒事，但是他的臉微微泛著紅。他的臉紅不是因為亞熱帶氣候，而是因為那天火鍋店太熱，出賣了他隱隱約約的心動氣息。

我絕不允許他把這件事混過去，大家群起逼問，茶茶不得不說出實情。

原來，剛才熱氣繚繞，他恍惚以為看見一個朋友，結果認錯人了。而這個人正是他臉紅的原因，他們相識多年，最近茶茶突然對她心生一絲超越友情的情感。

他非常苦惱，又不敢輕易表白，總是把偶爾從身邊經過的人錯認成對方，感覺每一個人都像她，但每一個人又都不是她。

瑤瑤做了結案陳詞：「看來你是著魔了。」

「我自己也覺得不太妙，但能怎麼辦呢？」茶茶一臉苦澀。

「告訴她總比瘋了好。」

「這麼多年的朋友，突然表白，也太奇怪了。」

「大侄子」一下挪到茶茶身邊，把手搭在茶茶肩上，對他說：「兄弟，我懂你，真的！愛情這個東西我最了解了，以我的經驗來看……。」

我趕緊把「大侄子」拉回來，說：「你閉嘴吧，你那些都是失敗案例，別害了茶茶。」瑤瑤更是不客氣，直接往他嘴裡塞了一塊餅，不讓他繼續說。

茶茶的心情不難理解——越是想靠近的人，越不敢靠近，因為無法確定對方心意，害怕自己主動但被拒絕後，連現狀都維持不下去，所以乾脆不戳破這層窗戶紙。

在日常交往中，我們可以張口「寶貝」，閉口「親愛的」，一搜尋「愛你」，上千條聊天紀錄，偏偏面對喜歡的人，千般糾結，萬般扭捏，就是不敢說出一個「愛」字。

明明一談起對方眼睛都發光，沒收到對方訊息時能解鎖手機幾十次，對方隨口說的一個喜好都能在心裡默念幾百遍，但別人一問起是否對他有感覺，還是矢口否認：「沒那回事，只是普通朋友。」

因為我們害怕真心錯付，或者突兀的表白直接把對方嚇跑，所以在沒有收到足夠信號前，寧願假裝不在乎，這樣就算輸了也比較體面。

何止是感情，在很多事情上都是如此：越想認真對待的事、越想得到的東西，越表現得不以為意。

有一次聚餐，我相中了桌上最後一塊蒜香排骨，剛想伸筷子，隔壁座位的人下手比我更快，一下就夾走了。

我眼睜睜的看著排骨被夾走，默默收回筷子，對方發現了我的尷尬，還不好意思的問我要不要。

我擺擺手說：「沒事啊，一塊排骨而已。」也確實只是一塊排骨，但一塊排骨會承載小小的執念，不然為什麼過了這麼久，我還是不能釋懷？

嘴上說的那些言不由衷的話，都是為了掩飾內心最真實的「我想要」。

一直沒開口的寶莉喝了一大口飲料，對茶茶說：「有什麼不敢表白的，約她出來，告訴她，你喜歡她，搞定！」

茶茶一臉不可思議，說：「哪有那麼容易搞定，萬一失敗了，連閨密都做不成。」

「你差這一個閨密嗎？再說你是不是搞錯重點了，友誼的小船為什麼說翻就翻，不然怎麼墜入愛河啊？」

如果是別人說這些話，我們都會無情鞭撻她的不解風情，完全就是事不關己、己不操心，但是說這些話的人，是「我沒有溫柔，唯獨有這點英勇」的寶莉，那就不得不讓人信服了。

二

你有沒有那種突然在人群中摔了一跤，然後尷尬到想找個洞鑽下去的經歷？如果是我，我會連夜捲鋪蓋跑路。

有一次，我們去海邊玩。那是一個近海的淺灘，為了摸魚，我們赤腳在淤泥裡踩踏，結果寶莉不小心摔了一跤，褲子上全是泥沙。

當時她也沒帶備用的褲子，就繼續玩下去了。

很多人看到寶莉髒兮兮的樣子，在旁邊指指點點，以至於我們替別人尷尬的毛病都犯了，恨不得假裝不認識她。但寶莉根本不當一回事，玩得很快樂。

有個大哥還問她：「哎，妳是不是摔跤了？」

她笑呵呵的回答：「是啊，太滑了，你也小心點。」一邊說，還一邊向人家展示她的泥巴褲子。

那位大哥也高興的說：「好啊，謝謝妳。」

非常自然的對話，沒有一絲尷尬，我一定做不到。

原來，勇敢的人永遠不會被嘲笑。尷尬就大大方方尷尬，丟臉就正正經經丟臉。

並不是所有的女孩都是用糖果、香料這些東西做成的，有些女孩，生來即代表了冒險、智慧與無所畏懼。

在愛情方面，寶莉也絕不做扭扭捏捏的人，她始終堅持一個信念：在健身房遇到喜歡的人，一定要當場表白，因為就算對方是年卡會員，哪天說不來就永遠不來了。

剛上大學時，在迎新大會上，寶莉認識了一個大三的學長。一段時間後，明顯都互有好感，但一直沒有更進一步。

有一天，寶莉約學長出來，對他說：「那個，我直接說了，我喜歡你。」把學長嚇得一愣，寶莉接著說：「你不喜歡我可以告訴我，沒關係，我只是把我的想法告訴你。」

學長連忙對她說：「不是、不是，我……我也喜歡妳，但沒想到妳這麼直接。」「可能怕說晚了你就跟別人交往了吧。」學長直呼救命，就這樣，兩人在一起了。

當然，也早就分手了。

寶莉對茶茶說：「知道嗎，兩點之間，直線最短，你和她也是。我真的不相信，你表白了之後她會嚇跑或是怎麼樣，大家都沒那麼脆弱。反正，你要是一直拖著不表白也行，當有一天看到她和別人在一起，不眼紅就好！」

勇敢說出自己的感受，坦然表達自己的心意，才能讓這份喜歡不繞遠路的最快到達。而實際上，無論對方如何回應，這份心意也都值得被好好傳遞。

就像日本作家三島由紀夫說的那樣：「我告訴你我喜歡你，並不是一定要和你在一起。只是希望今後的你，在遭遇人生低谷的時候，不要灰心，至少曾經有人被你的魅力所吸引。曾經是，以後也會是。」

你一定會遇見能理解你的辛苦與不安的人，能點亮你內心黑暗角落的人，能在別人冷眼旁觀時擁抱彼此的人，但在那之前，你要勇敢。

勇敢的人真的可以得到更多，不是物質上的，而是一種又一種的體驗。生活中總有失去，也總在錯過，但如果感受過風從掌心吹過的感覺，即便知道握不住，下一次還是會忍不住張開手。

三

中國法學家羅翔說：「**在人類所有的美德中，勇敢是最稀缺的。**」

有太多時刻，勇氣稍縱即逝，一旦錯過，就會被打回原形。

你看起來生人勿近，其實內心怕得要命，渴望能有人主動打開你的心門。

被要求加班，寫了一大段抗議的話，卻猶豫半天都沒傳出去，最後變成「好的，沒問題」。

關於自己的負面情緒，本來要和朋友「分享」，仔細想想覺得太矯情，於是選擇默默消化。

因為不願面對努力之後的失敗，所以畏懼暴露自己內心真實的想法。於是小心翼翼維護著自尊心，讓自己看起來玩世不恭，對「失去」這件事看得很淡，甚至為了保留面子，寧願放棄一些自己珍惜的東西。

「無所謂」、「我沒事」、「都可以」成了最佳防禦機制，似乎只要不表達真實的想法，就不會被傷害。

「貪食蛇」遊戲（按：手機遊戲）告訴我們：長大後，我們漸漸失去了橫衝直撞的勇氣。

有時候太早想好退路，向前時就會畏首畏尾。

春天時，路邊的花都開了，隨手一拍就是風景，但是有人困擾的卻是，即將到來滿天飛舞的柳絮很煩人。

夏天時，在冷氣房裡吃冰鎮西瓜是超級美好的事情，但是有人想到的卻是，明天還要頂著豔陽出門。

秋天時，桂花掛滿枝頭，遍地金黃色的落葉，但是有人卻在感慨夏天已過，遺憾秋天的轉瞬即逝。

冬天時，白雪為城市堆銀砌玉，白茫茫的一片也很美，但是有人煩惱的卻是，叫不到計程車和融雪時的寒冷。

總是什麼都還沒做，就習慣性預想最壞的結果。生活中很多不快樂的瞬間，都是因為過度關注下一步的動作，而忽略當下的美好也是一種美好。

人生應該像小馬過河（按：中國教師彭文席創作的寓言故事），需要一些奮不顧身和不計後果的勇敢，如此才能得到想要的結果。

世界那麼大，不要擔心遇不到好玩的事，和值得愛的人。去做沒做過的事，去到沒去過的地方，對未知事物永遠保持好奇心。不要怕落空，落空又如何，假如河的對岸有一棵樹，不親自涉水過去，你永遠不知道它有沒有開花。

真正的勇敢，不是對外界，而是對自己。不要任由自己繼續過得彆扭糾結，要敢於面對喜歡的人或事，鼓起勇氣說一句：「我真的很想要。」

真心希望你在回憶過往時，能夠想到的只有「很高興那時的我有全力以赴」，而不是「如果可以再來一次那該多好」。

務必參與真真切切的人生而非觀望，去創造，去感受，別停下。

四

年輕的意義，不過是愛和全力以赴。

無法重來的人生，你不妨勇敢一些，勇敢愛一個人、攀一座山、追一個夢。勇敢去愛一個人。人生除了生死，其他都是擦傷。你可以無所顧忌、毫無保留、簡單大方的，去愛，去盛開。所謂戀愛，只要參加了就有意義，即使沒有結局。喜歡上一個人的那一瞬間，是永遠都不會消失的。那些愛將會轉化為勇氣，會成為黑暗中的一線曙光。

勇敢去翻越一座山。回避、躲閃、輾轉騰挪都毫無作用，既然該來的總是要來，迎著刀鋒而上恐怕是最好的選擇，起碼節約時間。不要畏懼，不要怕走彎路，不要被眼前的困難嚇倒，等你走得夠遠，再回頭看時，那些曾經覺得高不可攀的困難，只是一個個小土堆而已。

勇敢去追一個夢。有喜歡的東西就去爭取，有熱愛的事物就去堅持，有中意的人就去表達愛意，有想去的地方就趕快收拾行李。很多事情沒有來日方長，你要現在就去做讓自己快樂的事。

趁我們頭腦發熱，我們要不顧一切。

去經歷、去後悔、去奔赴、去熱愛、去等待、去珍惜、去想念，不要在意你的生活在別人眼裡是怎樣的。勇敢一點，命運只會眷顧那些勇敢的、堅強的人。

在浩瀚的宇宙中，人類如同一粒微塵，而我們所經歷的一切，因勇氣而無限延展，最後的結果總會讓人驚嘆和不可思議。

如果說人生有什麼最重要的東西，那大概就是肆意生活的勇氣。不論順流還是逆流，都能按照自己的節奏，隨著自己的心意，用心生活，用力向上。

想起一段非常喜歡的話：不可否認的是，生活磨掉了我們一部分的勇氣和溫柔，但我們還很年輕，失去的還會長出來，而新的部分將閃閃發亮。

人生只有一次，要淋漓盡致的活，多做一些快樂的事，勇敢的面對挑戰。學會熬過痛苦，學會愛這個世界。

希望你依舊敢和生活頂撞，敢在逆境裡撒野，敢於面對生活，永遠樂意為新一輪月亮的升起歡呼。

希望你繼續興致盎然的和世界交手，一直走在開滿鮮花的路上。

有人生來就很可愛，有人怎麼吃都不胖，
有人生下來就坐享其成，
但我希望你也有自己的超能力，比如不會被生活打敗。
只要你不頹廢、不消極，
一直悄悄醞釀著樂觀、培養著豁達、堅持著善良、積蓄著努力，
那麼生活給你的壓軸驚喜，一定會在某個地方悄悄開花。

19

沒有方向的時候，就試著享受迷路

人生從來不只一條路，
選擇的未必就是更好，放棄的未必會更糟，
沒人規定非得在同一件事上撐到底。

過了這個村，就換一家店。
人生永遠有百種可能，而你也不必困在原地，
明智的放棄勝過盲目的執著。

一

前兩天，大學同學樂丹從外地回來，約我見面。

樂丹畢業後去了北京一家創業公司，因為喜歡他們輕鬆的工作氛圍，和不那麼刻板的公司架構。身邊不少人都勸她，趁「應屆生」這個身分還吃香，不如去大公司。但樂丹有自己的想法，一方面她投過履歷給幾家大公司，但沒有很合適的職位；另一方面，她覺得大公司裡每個人分工明確，上升空間有限，未必能獲得很好的提升。

在創業公司初期，樂丹的確很開心，上司親切，同事關係也簡單，每天都很自在。但慢慢的，她看到內部架構的一些混亂和發展瓶頸，還有產業大環境的影響。她很迷茫，開始思考身邊的人說的話，也許他們是對的，她應該去一家大公司，大平臺的眼界和格局，還有學到的東西肯定會不一樣。

機緣巧合，樂丹跳槽去了大公司。她負責國際業務，那段時間，總能看到她在朋友圈裡晒各地的機場和深夜的酒店。

聚會時，她經常眉飛色舞的向我們描述公司的文化和價值觀，毫不掩飾對大公司的崇拜，和對高她幾級職位的嚮往，想像自己和上司一樣優秀就好了。

但父母並不支持她，他們認為網路企業太不穩定，每天加班、熬夜、吃外賣，不如回家當老師。當然，還有父母定期的催婚。

我一直覺得樂丹很有主見，應該不會聽父母的話。

沒想到這次見面，樂丹說想辭職了。問及原因，是因為待久了發現，光環退去的大公司也沒有想像中那麼好，甚至以前很羨慕的上司也有自己的無奈和限制。

在大城市，一個人租房，吃飯不定時，熬夜是常態，週末也經常加班，常年日夜顛倒，真的很辛苦。

原來，生活是經不起細看的。

二

樂丹說：「我以前不理解，拋開錢不說，為什麼有的人在創業公司待不長，自己去了才知道，創業公司有它的局限。後來轉去大公司，我不理解，這麼好的平臺和眼界，為什麼手上持那麼多股份的前輩，會選擇辭職或者自己創業。現在懂了，人各有各的瓶頸，待久了，才能看到這些局限。」

她接著又補充：「我現在明白了，為什麼很多人北漂、滬漂（按：從其他地方到北京、上海工作生活）了一段時間，最後會回到家鄉，因為繞了一大圈才發現，回家才是最佳選擇。那如果畢業就回家，何苦折騰這一回？」

還沒等我說話，她又接連發問：「是不是每個人都會後悔自己的選擇，是不是每個人都會迷茫？」

問題太大，我一時無法回答，但可以肯定的是，越長大越發現，迷茫才是人生常態。尤其進入社會之後，人生的難題從有明確答案的「選擇題」，變成了沒有明確答案的「申論題」，從此，再也沒有按部就班的路可以走，只能自己硬著頭皮打怪升級。

我親眼見過一些人，因為扛不住壓力繳械投降，走上一條根本不喜歡的路，雖然心不甘情不願，但明確的結果讓他們安心。就像樂丹說的：如果早聽父母的話，很多苦根本就不用吃。

但她沒有注意到的是，那些一開始就聽話的人想的則是：如果當初沒那麼聽話，現在會不會不一樣？是不是拿著優渥的薪水，出入高級辦公大樓？雖然加班出差是家常便飯，但也看過凌晨四點的倫敦／東京／巴黎，在飛機起降時，感覺自己的人生在發光。

三

每個人都在告訴你如何成功，卻沒有人跟你說失敗了該怎麼辦。我們總是在走向未來時迷了路，卻又不能停下腳步。

「不管你選哪條路，你都有可能後悔。」我以前不喜歡這樣負能量的話，但現在想法變了，這句話太積極了。積極到立刻放下很多包袱和壓力，放下很多患得患失和瞻前顧後，從此再也沒有什麼「如果」和「當初」。

很多人生的決定都是「事後諸葛亮」，很多事只有加入了時間屬性，才會變得清晰。

到底該選擇什麼樣的工作，其實不是工作本身的局限，你自己才是最大的變數，因為你在不斷成長，年齡、心態、環境都在改變，沒有一份工作能滿足你從此刻直到二十年後的所有需求，每個階段你想要的東西不一樣，每個階段的自己也不一樣。

我深信不疑，樂丹如果一開始就回家當老師，那麼北京永遠是她心裡的白月光，遲早她也會「後悔」。

讓人糾結的不是工作、不是城市，而是現在的生活到底值不值得。你內心深處最恐慌的是「別人說」，「你看，她搞了半天，還不是……嗎」，這裡的「……」，可以填的東西很多，比如「回老家／沒賺到錢／買不起房子」，也包括「單身／離婚／連小孩都沒有」。

你不可能在很年輕的時候就看透一切，不然長大還有什麼意思呢。不親自試一試，內心永遠會蠢蠢欲動。只有換過工作、換過行業、辭過職，才懂得各有各的局限，否則無論別人怎麼說，你都無法感同身受。

如果熱愛現在的生活，那就繼續努力；如果覺得現在所處的環境難以忍受，那就去別的地方。

沒有方向的時候，就試著享受迷路。總要多走幾條路，才能找到最適合自己的路。

四

人生從來不只一條路，選擇的未必就是更好，放棄的未必會更糟，沒人規定非得在同一件事上撐到底。

有的人在哪裡跌倒就在哪裡站起來，有的人在哪裡跌倒就在哪裡趴一會兒，等四下無人時，再悄悄爬起來，繞路走，因為人生除了一個「哪裡」，還有更多「哪裡」。

你想爬起來就爬起來，不想爬起來就先躺一會兒，喘口氣。

我累了，我躺一會兒；我迷茫了，我躺一會兒，完全沒問題。

別把自己搞得緊張兮兮的，神經繃得越緊，斷掉的時候就會越痛。

欲望和野心這些東西，是需要強有力的力量來支撐的。

如果你承擔得了後果，大可以乘風破浪、勇往直前，不撞南牆（按：出自清代小說《醒世姻緣傳》，形容固執不知變通）不回頭。但如果你已經筋疲力盡、氣喘吁吁，沒有能力再承擔更大的打擊和不好的結局，那就不要被自己的執念和別人的期待綁架。堅強的人當然可以有選擇直接面對的權利，但你也有脆弱的權利。

「明知山有虎，偏向虎山行。」這句話對不對呢？有時對，有時不對。什麼時候對呢？如果你是武松，這句話就是對的。不然就快點逃吧。

有些勇敢或許不必實踐，有些傷害也不必經歷，有些念想需要放下。

你的「違和感」大多數時候是正確的。「莫名覺得不爽」、「莫名看不懂」、「反正就是無法理解」、「感覺就是不對」、「說不出來但就是覺得沒意思」……當你出現了這些感覺，一定要多關注自己的想法，千萬不要說一句「應該沒事吧」打發自己。當你感覺哪裡不對，就應當馬上打住。

雖然會有人說「不要逃跑」、「在其他地方也不行啊」，要無視這種話，這不是逃跑，而是朝不同的方向前進，因為它不適合你。待在不適合的地方，才是讓自己不快樂的原因。

人生半途的停留、片刻的休息，往往會帶來長久的清醒。

慢下來不是浪費時間，因為只有你花時間去察覺自己是什麼樣的人之後，才能擁有讓自己滿意的生活。

五

沒有人能逃得過「真香定律」（按：出自中國電視節目《變形記》，調侃人撂下狠話後又做出相反的行為），上一秒還說這次一定要分手的人，下一秒就在朋友圈裡晒對方買的早餐；叫囂著「這個年紀就定下來，真是太沒意思了」的人，轉頭就閃婚閃育三年抱倆（按：指閃電結婚生子，三年生兩個小孩）；憤恨的吵著要辭職的人，月月都是全勤。

我們都以為自己立下的誓言不會被打破，都以為自己選擇的路就是最終選擇，都以為自己會是活得最堅定的那一個人。不管什麼困難、挫折和宿命，誰也別想改變我。

生活想揉爛、壓扁、踩碎我，我告訴生活鋼鐵是怎樣煉成的。

但其實，大家都是普通人，也會在迷茫裡栽跟頭，懦弱的出爾反爾。

生活沒有標準答案，偶爾出爾反爾並不丟人，那只是我們在修正生活運行的軌道。

這個人不愛你，你就離開去愛下一個；這家的菜不好吃，那就選另一家吃。該爭取的時候好好爭取，實在得不到也不氣餒，放手換方向就是了。

過了這個村，就換一家店。人生永遠有百種可能，而你也不必困在原地，明智的放棄勝過盲目的執著。

世界如此廣博，如果我們偶爾迷路偏離了正軌，那麼因此而多欣賞一點風景又有什麼不好呢？

當你看不清楚太遠的路，不如聽聽內心的聲音。生活就是走走停停，這和放棄無關。累的時候允許自己停一停，反而能擁有持續的動力，慢慢前進。

躺平並非最終目的。人活一世，就算不追求任何意義，也仍可積極的做些喜歡的事。我們只是用偶爾躺平來對抗外部壓力和人云亦云，站起來之後，還是要朝著想去的方向前進。

對待迷茫和焦慮，放寬心吧。

如果今天不想加油了，那就明天再說吧。

不要做空心的人，總是等著別人來填滿你，
他能給你一分的快樂，也能給你十分的難過，
這種患得患失又不可控的感覺太糟了。
要自己把自己填滿，
要麼用喜歡的東西，要麼用熱愛的事，
無論什麼都好，總之遙控器要握在自己手裡。

20

沒有什麼成熟的時機，當下這一秒就是最好

蛋糕上的榴槤一定要留到最後一口，結果吃飽了，榴槤都不香了；
擦了粉底液，皮膚又乾又癢，但也要堅持用完，無非是覺得丟掉很浪費
新買的衣服捨不得穿，直到換季了也沒找到機會穿。

人生那麼難，還要製造困難考驗自己，真的沒必要。
一切好用的、好吃的、好看的，
都要在最好的時刻立刻享用，因為萬事萬物都有最佳賞味期。

一

因為有分別的時刻，在一起的日子才顯得彌足珍貴。

前兩天出差，在候車室等車時，看見不少學生模樣的人，這才想起現在正是畢業季，大家都準備各奔東西了。

很多人應該是約好了同一天出發，只是奔向不同的終點。她們互相擁抱著說再見，看似有說有笑，但我分明看到她們都紅了眼眶，強忍著不讓眼淚流下來。

真好啊，突然撞見情緒高昂的一群人，那種洋溢著青春的氣質，眉眼間跳動的靈氣，和看向萬事萬物時眼裡的光，每一次的呼吸都不一樣，連眼淚都美好。

時光一下把我拉回畢業離校那一天，離開時，我們都不約而同看了一眼住了幾年的寢室，這裡承載了太多美好的回憶。

然後，我們擁抱了彼此。我在心裡做了無數次心理建設：千萬別哭，千萬別哭。

可是一轉身，我的眼淚就掉下來了。

當時心裡只有一個念頭：這應該是我們最後一次見面了。無論資訊多麼發達，其實我們心裡很清楚，沒有生活在同一個城市的人，畢業後再相見的機率真的不高。

很多的再見，其實就是再也不見。就像昨天我和我的頭髮「雙子星」說再見，我們肯定不會再見啊！

在高鐵上，我看著窗外的風景一幕一幕閃過，就像這麼多年，身邊的人換了一批又一批。

人的成長，其實是「不斷發現，個人獨特的經歷，原來都只是人類普遍經驗的一部分」的過程。

地球正一點一點的疏離月亮，早在二十五億年前，我們便開始了漫長的離別。

長大後就會發現，沒有人會全程參與我們的人生：生活在外地，每年與父母見面的次數屈指可數；當年朝夕相處的室友，如今只剩點讚的關係；曾經喜歡過的人，早已再次回到人海。

明明沒有什麼不可調和的矛盾，但事實就是，身邊的每一個人，都可能會在未來某一天從我們的人生中消失。

那些長年躺在通訊錄裡的人名，雖然沒有布滿灰塵，但是他們過得怎麼樣，我們完全不得而知。

偶然想聯繫，都找不到合適的開場白。沒有生活交集，沒有共同話題，生活就是兩個鏡頭下的電影，正上演著截然不同的劇情，好像一開口就串戲（按：指非專業演員上場演戲）了。

時間拉長的不是距離，而是聚與離。

但是，可以預見的離別，也恰恰能讓我們覺得，此刻還能肆意熱聊彌足珍貴。而那些好笑、默契和溫暖的時刻，足夠日後想起來，一遍遍回味和珍藏。

離別提醒我們要珍惜當下的每一刻。面對那些還可以被抓住的關係，要有意識的花一些時間和心思在對方身上。

無論是家人、喜歡的人，還是最好的朋友，或許遲早都要離開對方的人生。那麼在此之前，就讓這份陪伴盡可能的長一點吧。

生活其實追根究柢就是五個字：珍惜眼前人。

二

出差回來之後，我還是感觸良多，心情難以平復，決定約幾個朋友在家聚一聚。

去了附近的花店，準備買一束花裝飾房間。這家花店開了一年多，我還沒有光顧過，好像總能找到理由和它擦肩而過。

偶然想買花，突然想到馬上要出差，時間一長就枯萎了，還是先別買；又想買花，一想到最近鼻炎發作，要減少花粉刺激，過段時間再買吧；終於決定下班就去買，結果同事開車正好順路，直接把我送到家門口，又沒買成……好像全世界合起夥來不讓我買花似的。

這次總算成功了，精挑細選了一束玫瑰，回家又挑了個好看的花瓶插上。第二天早起發現，幾朵本來含苞待放的花都開了，看著那一束鮮豔動人、散發著芳香的花，心情瞬間就好起來了。

原來一朵花開的時間只需要一天，而我竟然等了一年多。

我很好奇，為什麼我們總是喜歡等待，總是給等待尋找很多藉口，賦予很多意義和價值，好像只有天時、地利、人和都到齊，生活才會有意義。

電影《一路玩到掛》（*The Bucket List*）裡說：「我們不能總是想著，等我以後有錢、有時間，或者什麼其他條件成熟以後，再去做一些我們早就想做的事情，因為你永遠不知道，是不是一定看得到明天早上的陽光。」

聽起來有點驚悚，但這就是現實啊，天氣不似預期，凡事都有意外。

有特別想做的事、有喜歡的人，千萬別等著、別拖著，去做、去喜歡、去表白。沒有什麼成熟的時機，當下這一秒就是最好的時機。

蛋糕上的榴槤一定要留到最後一口，結果吃飽了，榴槤都不香了；擦了粉底液，皮膚又乾又癢，但也要堅持用完，無非是覺得丟掉很浪費；新買的衣服捨不得穿，直到換季了也沒找到機會穿。

人生那麼難，還要製造困難考驗自己，真的沒必要。

一切好用的、好吃的、好看的，都要在最好的時刻立刻享用，因為萬事萬物都有最佳賞味期。

三

小時候我們常常被要求總結中心思想，長大後做事情常常也熱衷於尋求「意義」，生怕浪費時間，覺得必須實現自我，被世界看到、得到標籤，才能得到快樂。

你以為很重要的事情發生了，生活會有什麼不同，為這一天你等了一輩子，等你終於做完這一切，發現生活好像並沒有什麼不同。

電影《靈魂急轉彎》（*Soul*）裡女音樂家講了一個寓言：

我聽過關於一條魚的故事，它游到一條老魚身邊說：「我要找到他們稱之為海洋的東西。」

「海洋？」老魚問，「你現在就在海洋裡啊。」

「這裡？」小魚說：「這裡是水啊，我想要的是海洋。」

永遠有人更好，永遠有風景更美，所以眼前人和景就是最好的。別置身大海還苦苦尋找海洋；別為了所謂的夢想，而忘記了生活本來的模樣。

如果生活有意義，那是因為你身在其中。

就像經歷了高壓的複習備考，在考卷上密密麻麻寫了三小時後，終於走出考場；就像好不容易趕完大案子，檢查了三遍確保萬無一失後，走出深夜的辦公室；就像終於搬完且布置好新家，環顧四周還算滿意，終於可以癱倒在新買的沙發上……。

如果你經歷過就會明白，這種既虛脫又充實的疲憊，真是一種莫大的幸福。

電影裡，靈魂二十二號在地球一日遊時對喬伊說：「或許我的『火花』就是看看天空或者走路吧。」

喬伊當時對她嗤之以鼻，說：「這些都算不上什麼人生目標，只不過是最普通的日常而已。」

太多人跟你說要找到目標，太多人跟你說使命、願景、價值觀……這可能是第一次有人對你說，目標沒那麼重要。我們向生活索要得太多，都忘了我們所度過的每一個平凡日常，也許都是連續發生的奇蹟。生命本身已足夠奢侈，你在享受或者浪費的，其實已經是很多人的遙不可及。

目標、動力、夢想、成就、顛峰時刻、自我實現……這些都只是人生火花的一部分，最重要的火花是你對生命本能的熱愛。

如何找到生命的火花，答案是：來人間一趟。

我們都曾以為理想的生活應該在別處，但總有一天你會明白，生活是否美好，取決於你擁有怎樣的日常。

每天都要愉快的生活，不要等到日子過去了，才找出它們的可愛之處，也不要把所有特別合意的希望都留給未來。

日本作家坂本健一說：「活著，就是一個個無可替代的日子的累積。」

當你專心致志、全神貫注，無論何時何地、不論在做什麼，不管是指揮一個樂隊，或是剝一個橘子，正在做的這件事，就是應該做的事。

理髮師用剃刀也能修出美好，造型師用針線也會縫補夢想。枝頭掉落的樹葉、街頭鼓起的排風、捷運裡忙碌人群中的歌聲、辦公大樓角落的比薩店，當你愛上生活的那一刻，就能找到啟動生活的火花。

四

一個人能從日常平凡的生活中發現快樂，就比別人幸福。

前幾天下班的路上，遠遠聽到一個女生在搭訕一隻流浪貓。「貓貓，吃飯了嗎？」說著，她蹲下，拿出一小把貓糧放在小貓面前。小貓顯然認識她，一點都不怕生，很放心的大口大口吃起來。

後來每次經過這裡，我都會想起那個瞬間，並在心裡偷偷感慨「牠在被溫暖的愛著」。這個溫暖的片段持續的療癒著我。

我們可能會被生活「蹂躪」，但這些美好的小瞬間卻總能給我們力量，生活中細碎的開心和期待，總能接住下墜中的我們。

能被「愛」小心翼翼的托住，是最幸福的事。

在平庸麻木的日常生活中，我總會提醒自己，記住被小貓依戀的時刻、被戀人想念的時刻，記住那些「被愛托住」的珍貴時刻。

所謂的日常，正是這些不起眼卻閃著光的溫暖片段，串連起了我們的生活，照亮了無數個灰暗的日子。

人與人之間確實存在著一條看不見的線，我們與親人、戀人、陌生人，以及整個宏大世界相互連接著、拉扯著，或輕或重的托著彼此。

英國物理學家史蒂芬．霍金（Stephen Hawking）說：「正是因為你愛的人住在這裡，宇宙才有了意義。在短暫無常的一生中，去仰望宇宙星空，好像是渺小的我們去感受愛，以及接近永恆的一種方式。」

願你心懷浪漫宇宙，也珍惜人間日常。

你要相信，會有好事托住你，會有人愛你，
讓你足夠愛這個世界。
如此，平淡的一天，也值得高呼萬歲。

你的愛很珍貴，
不要與不夠好的人和事周旋，
這樣當你回憶起自己的熱愛之物，
一些美好的感覺會在你心口仍有餘溫，
你想到的是快樂和幸福，
而不是昏天黑地的悲戚和不幸。

21

生活會扯我們後腿，但也會落下好福氣

你勤奮充電、努力工作、保持身材、對人微笑，
這些都不是為了讓別人刮目相看，
而是為了裝扮自己，照亮自己的內心；
是要告訴自己：我是一股勢不可當的向上力量。

李可怡在床上擺了一個大字，盯著牆上的油畫，心滿意足的笑了。隨著固定好這幅油畫，李可怡的新房子徹底收拾妥當。

在裝修和收拾房子這段時間，李可怡以肉眼可見的速度迅速瘦下去，比之前她刻意減肥的效果好多了。

交了房子的頭期款，她手中積蓄所剩無幾。

裝修方面，除了自己無法完成的工作，其他零零碎碎的都自己來。餓了，就坐在行李箱上吃泡麵；累了，就往地上一躺。我和吳雙雙也會去幫忙，吳雙雙成了收納達人，而我成為一名光榮的油漆匠。什麼布置廚房、油漆房門，通通難不倒我們，一間空蕩蕩的房子被一點點布置得滿滿當當（按：指充實盈滿的樣子）的。

當初很多人反對她買房子，準確的說，是不相信她會成功。但他們太不了解李可怡了，她是如此倔強和不服輸，又是如此堅定和義無反顧。

她進公司沒多久，就被擢升為業務小組的組長，組員都在背地裡議論她。

年齡大、資歷深的員工說：一個小女生才工作幾年啊，就當組長。

年齡和她差不多的也不服氣：憑什麼，她剛來就當組長，休想來管我。

李可怡並非不知道組員怎麼說她，偶然會很傷心，但大多數時候，她沒有時間糾結情緒，剛接手的工作千頭萬緒，一刻都不能鬆懈。

有一次部門聚餐，結果因為食材不新鮮，全體拉肚子。嚴重一些的同事，連夜在醫院吊點滴，症狀輕的人也差不多都虛脫了。

關鍵是，他們小組明天要和一個重要客戶談合作。

晚上，李可怡躺在床上，思緒萬千：真的被別人說中了嗎？我真的不是當組長的料嗎？第一次負責這麼重要的合作，竟然全組人都病倒了……。

第二天，她勉強爬起來，傳訊息給所有組員，讓他們好好養病，她自己去談。這也意味著，如果談判失敗了，她要一個人承擔責任。

組員們都為她捏了一把冷汗，這麼重要的合作，一個人，而且是一個病人，怎麼可能撐下來！

現場也確實很驚險，對方加上老闆一共有六個人，看她單槍匹馬，就互使眼色。對方你一句、我一句的，李可怡根本插不上話，有一瞬間她都傻了，但是一想到全組的希望都繫在自己身上，硬是又把她從暈菜（按：北京新流行語，指完蛋）的邊緣拉了回來。

之後她徹底開掛了，口沫橫飛，舌戰群儒，直接說到對方詞窮。

對方老闆看她直冒汗，還笑她：「小李啊，妳可真行，把自己都說到冒汗了。你們公司也真是的，就捨不得多派幾個人來嗎？」

李可怡將情況如實相告。

對方很驚訝：「小李啊，妳也太拚了，早點說，我們改期就好了。」

「郭總，您那麼忙，我這點小事就不另外再浪費您的時間了。只要結果是好的，都沒關係。再說我們公司非常重視這次合作，也很有誠意，希望您能給我們一個機會。」

對方被她弄得徹底沒脾氣了，最後也沒提什麼為難的要求，順利簽約。

回公司彙報時，她說這是全組人共同努力的結果，結果整個小組都得到了表揚。

從此，業內多了一個叫「小李」的人，大家都知道小李這人很可靠，和她合作不會有問題。

小組內部，大家對她的稱呼變成了親切的「可怡妹妹」或「李姐」；「李姐」要往東，沒人會往西。

而對我們來說，她依然是那個美貌與智慧並存，雖然精打細算到摳門（按：小氣），但對朋友絕對夠義氣的李可怡。

所以，你當下每一個想要努力、不想放棄的念頭，都可能是未來的你，在向現在的你發出的邀約。

接收到邀約信號就要趕緊行動起來。人生不是做菜，別等什麼都齊全了再下鍋，等到你什麼都準備好，鍋可能就涼了。

你人生的轉機沒有時間懊悔、沒有時間假設，你餘下的人生，就是要好好經營自己，努力把曾經以為的「不可能」變成「可能」；把以為的「做不到」變成「做到了」；把以為的「做不好」變成「做好了」。

二

我和吳雙雙相約一起去李可怡家，慶祝她喬遷之喜。

雖然之前也有幫忙裝修，但作為客人走進來，感覺還是不一樣，誇張點說，在我們的共同努力下，竟然還裝修出了豪宅的效果呢！

李可怡張羅了一桌子大餐招待我們。

酒足飯飽，我們都略有醉意，吳雙雙對李可怡說：「李可怡，妳行啊，現在也是有房子的人了。」

「承讓、承讓，全靠妳們幫忙。」

「妳跟以前不一樣了。」吳雙雙看著她說。

「是呀，現在是業主了。」我藉機取笑她。

李可怡要過來抓我，我奮力躲避，甩掉了頭髮「蒂芬妮」，真是自作自受。

吳雙雙不理會我們的打鬧，繼續說：「變得更穩重、更成熟了。以前妳總是很急躁，現在裝修房子那麼有耐心，還不嫌麻煩幫我們做飯，換作以前，大概兩個麵包就打發了。」

我聽完這番話開始狂笑，她確實能做出給我們一人買一個麵包這種事。

李可怡在一邊欲哭無淚。

吳雙雙止住了笑，對她說：「逗妳的，妳變得更好了，真的，我們都為妳高興。」

我瘋狂點頭。

李可怡眼睛紅紅的，還開始抹眼淚了。

我和吳雙雙慌了，說：「妳幹麼呀，開玩笑的，怎麼哭了呢？」

「不是，不是因為那個，是感覺像做夢一樣，很不真實。這幾年，我都要失望了，有時充滿信心，覺得一定可以買到一個屬於自己的房子，有時又覺得這輩子都不可能了。」

我安慰她：「最難熬的時候妳都經歷過了，再沒什麼可怕的了。」

什麼是最難熬的時候？

是從學校過渡到社會，還沒開始工作就被告知臨時合同無效，對第一份工作的美好希冀全部煙消雲散的時候；是在一起三年的男友選擇分手，說無法抵抗異地戀的折磨，結果三天後就宣布有新女友的時候；是自己口袋空空，還要在父母面前假裝一切都好的時候；是當自己很累，想要休息，卻發現身後空無一人的時候……。

大概每個人都會經歷這種難熬的時刻，等你把這些事都熬過去，就會變成另一個人。什麼山重水複、柳暗花明，全都是努力之後的結果，不然一直是懸崖末路。

把努力落實到成長、事業、愛情，這些生活中舉足輕重的部分，不要有一點點僥倖心理。努力未必都會帶來幸運，但越努力，就越不用那麼依賴好運氣。

漫畫《海賊王》裡說：「人生中有些事你不竭盡所能去做，就永遠不知道自己有多出色。」

別指望別人，要親自上陣，要學會堅定的朝著想要的東西奔跑。

要相信，前面的景色更好、前面的人更適合你愛、前面的你會是嶄新的、前面的人生比現在的更值得擁有。

三 人為什麼要努力？

我從來不相信學霸真的不用學就能考好，從來不相信「摸魚」就能做到管理職，也從來不相信什麼懶洋洋的自由。

我相信一萬小時定律（按：加拿大作家麥爾坎・葛拉威爾〔Malcolm Gladwell〕在著作《異數》〔*Outliers*〕中提出的理論，指任何人做一件事，只要花一萬小時，都能從普通人變成該領域的頂級人才），相信一切暫時的好運，都會因為沒有實力做為基礎而露餡，也相信真正有價值的自由，是透過勤奮和努力實現的更廣闊人生。

我相信，若要「白毛浮綠水」，必先「紅掌撥清波」（按：出自駱賓王的《詠鵝》）。水中的天鵝看似很優雅，其實小腳丫在水面下很忙。

我始終相信，世界上的萬事萬物，都是需要努力才能得到。

想要結交的朋友、想要實現的夢想、想要的理想生活、想要守護的人、要將喜歡的一切留在身邊……你真正想要的，沒有一樣可以輕易得到，這就是你努力的理由。

有些努力今天付出，可能明天就能獲得回報；而有些回報要經過數年，或甚至沒有回報。容易的事情做起來很快，但人的滿足感，有時候反而是來自於一些需要長期完成、付出很多精力的事情。

對於一些事情來說，時間就是必要條件。

法國昆蟲學家法布爾（Jean-Henri Fabre）在《昆蟲記》（*Souvenirs Entomologiques*）裡，描述過蟬這種生物：

四年的地下苦幹，換來一個月在陽光下的歡樂，這就是蟬的生活。我們不要再責備成年的蟬發狂般的高唱凱歌了。整整四年，牠在黑暗中穿著堅硬的骯髒外套；整整四年，牠用足尖挖掘著泥土；終於有一天，這位滿身泥漿的挖土工穿上高貴的禮服，插上能與鳥兒媲美的翅膀，陶醉在溫暖中，沐浴在陽光裡，享受著短暫的歡愉。

無論牠的音鈸有多響，也不足以頌揚如此不易、如此短暫的幸福。

如果你正在做的一些事情還沒有很好的回饋，說明你還在努力的過程中，需要再等一等。天底下沒有平白無故的得到，每往前走一步，就意味著離想要的生活更近了一點。

平凡生活裡，不存在太多偷天換日的戲劇性時刻，日復一日堅持改進的力量雖小，但能堅持下來，累積的效果足以在若干年後驚人。

有的人能在幾年後讓人大吃一驚，有的人會讓人大驚失色，其實這些都是過往結果的總和。

這樣也很好啊，證明你所有的努力都不會白費，哪怕現在覺得有一點孤單和沮喪，也不用覺得氣餒，因為你想要的一切，也正在奔向你的路上，而你要做的，就是保持努力、保持期待。

去學習，去變好，去煉成自己的生活態度和法則。不吃不喜歡的食物，不穿將就的衣服，不去愛一個「還不錯」的人，拒絕所有「差不多就行」的言論。

你要足夠認真，非常努力，要朝著想要的生活拚命跑，要拚到一想到委曲求全和逆來順受，就好像戳了自己一刀，你要有絕不忍心虧待自己的絕不退讓。

你要保持內心不失控、生活不失序，要為自己謀求更多的選擇權、儲蓄更多的安全感，去過屬於自己的人生。

你勤奮充電、努力工作、保持身材、對人微笑，這些都不是為了讓別人刮目相看，而是為了裝扮自己，照亮自己的內心。

是要告訴自己：我是一股勢不可當的向上力量。

生活會扯我們後腿，也會落下好福氣。

要學會捕捉每一件小事帶來的幸福感，

在擁有愛的時候安穩被愛，在追逐的時候學會勇敢和真誠。

希望我們都能降低煩惱的影響力，努力感受那些好福氣。

22

今天已經溜走了，壞情緒不要帶進夢裡

今天做了件「爛事」，明天不要做；
今天當了個「爛人」，明天不要做這樣的人。
今天懶惰了，明天要更加勤快一點；今天拖延了，明天馬上開始行動。

不管這一天有多難過，
記得認真卸妝、洗臉、沖澡，吹乾頭髮，安安穩穩鑽進被窩。
床就像一個膠囊，時光「咻」一下，就帶你到一個明亮的早晨。

明天總會有好事發生，如果沒有，就自己做一件。

人生總有那麼一段時間，會焦慮到沒有辦法和自己和解。

最近，我在工作上遇到了一點小難題。焦慮的毛病又犯了，以至於本來信心滿滿做到一半的企劃案，現在覺得不行了。虧我之前還一直跟寶莉吧吧（按：指喋喋不休）呢，結果現在深陷自我懷疑中。

就像愛爾蘭劇作家王爾德（Oscar Wilde）在《W.H.先生的畫像》（*The Portrait of Mr. W. H.*）裡說的：「在勸別人相信某種理論時，勸說者自己會在一定程度上失去相信這種理論的能力。」

沒錯，說的就是我，現在每晚夜不能寐，擔心企劃案的不合理性。

這天下午茶時間，我溜去「午間飯堂」買咖啡，正好看見何嵐姐姐也在，就過去坐了一會兒。

她還問我，怎麼這個時間跑出來。我把最近的困擾和盤托出，說不知道是該繼續，還是重新開始。

「以我個人經驗，直覺這個東西有時候滿準的。」何嵐姐姐一語戳中要害。

「重新開始太難了，想到就頭大。」真的，為了這件事，我的頭髮「芭芭拉」也離我而去了。

何嵐姐姐看我煩惱成那個樣子，還不停安慰我。

這時老闆武哥過來上咖啡，還送了我一塊小點心，感謝我來他店裡「摸魚」。

他走之後，何嵐姐姐看著武哥的背影，問我：「妳猜武哥以前是做什麼的？」

「可能真的是練武術的吧，哈哈，開玩笑的。武哥這手藝，一定是從很小就開始精心鑽研廚藝，或者天賦異稟也有可能。」

何嵐姐姐搖搖頭，說：「他以前是老師。」

我很驚訝，以前倒是覺得，武哥那深邃的眼神，一定是個有故事的人，但誰會想到現在做得一手好菜、沖咖啡還那麼好喝的人，以前是一名光榮的教師呢。

廚師和老師，雖然都是師，但是感覺中間隔了整個銀河系。

武哥的廚師之路，始於老師之路的失敗。

大學畢業時，父母讓他去當教師，他就去了。

幾年之後，一次偶然的機會，他看到一部講述名廚心路歷程的紀錄片，內心為之一振，腦子裡有個聲音告訴他：我要當廚師。

他到處拜師學藝，做大廚的助手，樂此不疲。從他店裡菜單推陳出新的速度來看，他是真的喜歡當廚師——菜單經常創意十足，而且沒聽過有人說不好吃。

沒有人規定人生的追夢之旅只有一種方式，如果在一個地方沒有實現，那就換一個。人要找到自己真正的熱愛，才不會後悔。

重新開始，有時候不是以失敗告終，而是在失敗中開出新的花。

米其林大廚的手藝，我也有幸嘗過幾次，更加覺得武哥的手藝完全不輸。好手藝和口碑是最好的宣傳，武哥店裡的顧客越來越多，到吃飯時間還要排隊。有人勸他開分店，還有幾次投資人直接找來想要投資，但武哥總是拒絕，說喜歡守著自己的小店。

後來，那片區域要拆遷，武哥就搬到現在這個地方。一切又重新開始，但老顧客都跟來了，像我這樣的，也都成了老顧客。

相比於老店，新店的地段沒那麼好，但安靜舒適，有種曲徑通幽的感覺，這也是很多人喜歡這裡的原因，能夠徹底的放鬆，就像鬧市裡的一個烏托邦。

店裡有一款特殊的飲品，叫「綠蟻紅泥」，取自白居易《問劉十九》裡的「綠蟻新醅酒，紅泥小火爐」。每個人在自己的會員日當天都會獲贈一杯，寓意老朋友又相聚一年。

有人追名逐利，想要更多；也總有人遠離浮華，不忘初心，去追尋自己真正想做的事，去追尋一種純粹。

重新開始，有時候不是認輸，而是主動選擇自己真正想要的。

有的人，經歷多次巨變，也能重新開始；而有的人，被小小的企劃案牽制了手腳，連重寫的勇氣都沒有。

我真的是……算了，我決定重寫了。

生活中不會總遇到這種跌宕起伏的劇情，未必會經歷職業的重大轉變，未必會經歷重大身體損傷，也未必會經歷重新選址開店。我們遇到的可能是失戀、失業、失去，甚至是更微小的事情。

年輕時總覺得，眼前的每一個關卡都是天大的事情，但放在時間的長河裡就會發現，所有事情都有意義。時間的力量會把我們經歷過的一切，都變成發光的回憶。

二

沒人喜歡「重新開始」，那常常意味著對過去的全盤否定。

小時候最討厭作業寫了一大半，卻不小心被墨水弄髒了，要重寫一遍。

長大後最討厭工作都已經做到尾聲，卻被通知客戶不滿意，還是重新再來吧。

戀愛也是如此，和一個人在一起幾年卻分手了，很久都無法再愛上一個人。

重新開始，是一件讓人又愛又恨的事情。但反過來想，還能重新開始，那不是恰恰說明還有機會嗎？

偶爾我們會想要一個新的開始，但手頭的事情已經夠焦頭爛額了，你要不停的處理一些舊事情，甚至還要跟身上那些壞毛病鬥爭。

其實，你不必非得跟過去做個切割才能往前走，因為人類每天都在進行著最小級別的「重新開始」，每一天都是一個新的開始，不是嗎？

一個人什麼時候最容易覺得自己是一個「爛人」呢？就是每天晚上躺在床上的時候。想起今天因為懶而拖到最後一刻也沒有完成的事、想起今天那些原本可以做得更好的事情、想起今天留下的所有遺憾，真的不想結束這糟糕的一天。

如果你是因為沒有生活目標，找不到人生意義、內心空虛，而沒有勇氣結束這一天，那你應該明白，即使熬了一個通宵，也未必會有所改觀。

如果你是因為這一天過得渾渾噩噩，有幾分愧疚、幾分懊惱，而不願結束這一天，那就更不必了。過去的就讓它過去，不要在這麼簡單的道理上糾結徘徊。

真正該做的是勇敢跨過這一天，讓那些糟糕的、不愉快的事趕緊結束。就像日落，它是如此壯觀又充滿希望，那是宇宙在提醒你，即使是最黑暗的日子，也能以最美好的方式結束。

三毛說：「今日的事情，盡心、盡意、盡力去做了，無論成績如何，都應該高高興興的上床恬睡。」

今天做了件「爛事」，明天不要做；今天當了個「爛人」，明天不要做這樣的人。今天懶惰了，明天要更加勤快點；今天拖延了，明天馬上開始行動。

今天已經溜走了，壞情緒不要帶進夢裡。

最艱難的時候，別老想著太遠的將來，只要鼓勵自己熬過今天就好。「過了今天」是解決一切難題的咒語。

不管這一天有多難過，記得認真卸妝、洗臉、沖澡，吹乾頭髮，安安穩穩鑽進被窩。床就像一個膠囊，時光「咻」一下，就帶你到一個明亮的早晨。

閉上眼睛，清理你的心，過去的就讓它過去。睡前原諒一切，醒來便是新生。

明天總會有好事發生，如果沒有，就自己做一件。

三

「如果你想擁有美好的一天，就必須有一個好的開始。」這是吳雙雙最愛說的話。一覺醒來會有兩種結果：一是人間值得，未來可期；二是生不如死，趕緊毀滅。她是前者，我是後者。

吳雙雙對早起的執念，具體表現在看日出上，對她來說，日出意味著新的開始，所以她三不五時就要去看日出。我就睡眼惺忪的被她帶出來看日出過，當時腦子裡只有一句話：雞都沒這麼早起。

那天，我只覺得眼睛酸澀，真想倒地不起，而且周圍那麼暗，太適合睡覺了。

突然，遠處的天空射出了橙色的光，光線很弱，周圍還是很暗，但那橙色的光照亮了我。慢慢的，天邊一點點變成金黃色，周圍也跟著亮了起來，我看到顏色各異的小花，星星點點，裝飾著溫和的淡黃色草地。

遠處的天，一絲絲、一抹抹、一層層、一片片，全是金黃的雲霞，稀稀疏疏布滿天空，而太陽慢慢露出了臉，一點點、一點點，鼓足了勁，突然，努力往上一躍，天空頓時金光燦燦。

那一刻我宣布：我與地球重歸於好了。

美國作家梭羅（Henry David Thoreau）在《湖濱散記》（*Walden; or Life in the Woods*）裡提出一個很深刻的概念：「黎明的感覺。」

每天醒來，地球依舊會轉，太陽仍會升起，昨天成為過去，今天是新的一天，要用黎明的感覺來重新感覺這個世界。

明早起床，你試試用第一次看世界的眼光，就會有新的視角、新的發現、新的感受，會有新生的感覺，一種彷彿嬰兒的狀態，長期保持下去，就會懷有一顆赤子之心。

一覺醒來，花都開了。只要希望尚存，就會有美好的事情發生。

祝你每天都能「萬事勝意」，如果說萬事如意是盡人意，那萬事勝意就是所有事情都比期待的還要更美好一些。

祝你總能遇到美好的事情正在發生，世界偶爾偏愛你，每件事都能給你超過預期的滿意，總能心想事成並獲得意外驚喜。

希望每天早上醒來的你，能發自內心的對自己說：「今天真好啊！」

Think 241

你不能等到日子不再艱難，才決定開始快樂

每天收集一些好極了、棒呆了的瞬間，用來回擊那些弱爆了、太遜了的時刻

作　　者／徐多多
責任編輯／宋方儀
校對編輯／黃凱琪
美術編輯／林彥君
副總編輯／顏惠君
總 編 輯／吳依瑋
發 行 人／徐仲秋
會計助理／李秀娟
會　　計／許鳳雪
版權經理／郝麗珍
行銷企劃／徐千晴
業務助理／李秀蕙
業務專員／馬絮盈、留婉茹
業務經理／林裕安
總 經 理／陳絜吾

國家圖書館出版品預行編目（CIP）資料

你不能等到日子不再艱難，才決定開始快樂：每天收集一些好極了、棒呆了的瞬間，用來回擊那些弱爆了、太遜了的時刻／徐多多著. -- 初版. --臺北市：大是文化有限公司，2022.09
320 面；14.8×21 公分. --（Think：241）
ISBN 978-626-7123-89-8（平裝）

1. CST：快樂　2. CST：生活指導

176.51　　111010970

出版者／大是文化有限公司
臺北市 100 衡陽路 7 號 8 樓
編輯部電話：（02）23757911
購書相關諮詢請洽：（02）23757911 分機 122
24小時讀者服務傳真：（02）23756999
讀者服務E-mail：haom@ms28.hinet.net
郵政劃撥帳號：19983366　戶名：大是文化有限公司

法律顧問／永然聯合法律事務所
香港發行／豐達出版發行有限公司 Rich Publishing & Distribution Ltd
地址：香港柴灣永泰道 70 號柴灣工業城第 2 期 1805 室
Unit 1805, Ph.2, Chai Wan Ind City, 70 Wing Tai Rd, Chai Wan, Hong Kong
電話：21726513　傳真：21724355
E-mail：cary@subseasy.com.hk

封面設計／孫永芳　　內頁排版／江慧雯
印刷／緯峰印刷股份有限公司

出版日期／2022 年 9 月初版
定　　價／新臺幣 360 元（缺頁或裝訂錯誤的書，請寄回更換）
I S B N／978-626-7123-89-8
電子書ISBN／9786267123904（PDF）
9786267123911（EPUB）